Angelika Gesberg

Konzentrationstraining für Kinder: Steigern Sie gezielt die Konzentrations- und Lernfähigkeit Ihres Kindes mit diesen 5 effektiven Strategien!

Konzentrationstraining für Kinder

Steigern Sie gezielt die Konzentrations- und Lernfähigkeit Ihres Kindes mit diesen 5 effektiven Strategien!

Angelika Gesberg

eBook-Erstellung & Buchsatz: Jana Köbel Autorenservice -
www. jana-koebel.de
Lektorat: Eva Fischer - www.deinalltagsglück.de
Cover Design: Wolkenart – Marie-Katharina Becker, www.wolkenart.com

Inhalt

Zitat

Kinder verstehen nur das wirklich, was sie selbst erfinden, und jedes Mal, wenn wir versuchen, ihnen etwas zu schnell beizubringen, hindern wir sie daran, sich neu zu erfinden

„Wir sollten kein Lernen auferlegen, weil wir sonst das Auswendiglernen statt das Verstehen provozieren."
Jean Piaget

Kommt Ihnen das bekannt vor?

Ihr Kind kommt nach der Schule nach Hause, Sie essen gemeinsam und dann soll es an die Hausaufgaben gehen. Sie lesen gemeinsam die erste Aufgabe, aber irgendwie scheint Ihr Kind nicht bei der Sache zu sein. Schon nach wenigen Minuten beginnt es, auf dem Stuhl hin und her zu rutschen, starrt auf unsichtbare Punkte an der Decke oder aus dem Fenster. Es weiß am Ende des Satzes schon nicht mehr, wie er begonnen hat, und scheint mit den Gedanken insgesamt ganz woanders zu sein. Weder Ermahnungen noch die Aussicht auf etwas Süßes nach den erledigten Hausaufgaben können ihm die nötige Konzentration geben, um die Aufgaben flüssig zu beenden. Und Sie – Sie wissen einfach nicht mehr, was Sie tun sollen, um dieses Problem zu lösen.

Keine Sorge: So geht es vielen Eltern! Und nicht nur Eltern, sondern auch Lehrern, Nachhilfelehrern, Erziehern und Pädagogen. Dass Ihr Kind ein Problem mit der Konzentrationsfähigkeit und dem Fokus hat, ist weder Ihre Schuld noch die des Kindes. Es ist völlig normal. Genau genommen hat Ihr Kind nicht einmal ein Problem mit der Konzentration, nur interpretieren Erwachsene das gerne so. Der Grund dafür ist simpel: Erwachsene setzen die falschen Maßstäbe. Sie glauben, Ihr Kind müsse sich genauso gut konzentrieren können wie Sie selbst und vergessen dabei, dass ein Kindergehirn noch gar nicht dazu in der Lage ist. Sie vergleichen Ihre eigene Leistungsfähigkeit mit der des Kindes, sehen, dass es wesentlich schlechter abschneidet und erschrecken sich angesichts dieser Diskrepanz. Dabei bedeutet dieser kurzweiligere Fokus Ihres Kindes weder, dass es ein Problem hat noch dass Sie in der Erziehung etwas falsch gemacht haben und auch nicht, dass Ihr Kind zwangsläufig an einer Lernbehinderung oder Ähnlichem leidet.

In den meisten Fällen ist eine geringe Konzentrationsfähigkeit, wie gesagt, völlig normal. Vielleicht haben Sie aber zusätzlich das Gefühl, Ihr Kind wäre beim Lernen erfolgreicher, wenn es sich nicht so schnell ablenken ließe. Es könnte dann etwas schneller lernen und vielleicht sogar mehr Spaß daran haben. Dann liegt das wahrscheinlich daran, dass Ihr Kind noch nicht „richtig" lernt. Konkret bedeutet das in den meisten Fällen, dass Sie noch nicht die richtige Lernmethode gefunden haben. Eine richtige Lernmethode wäre eine, die die Konzentration und den Fokus Ihres Kindes schult, fördert und verbessert, und Ihrem Kind so hilft, sein volles Potential auszuschöpfen und ihm im besten Fall auch noch Freude bereitet. Und wie Sie vielleicht schon zwischen den Zeilen lesen konnten: Es ist möglich, für jedes Kind eine oder mehrere solcher Methoden zu finden. Und mit „jedes Kind" meine ich jedes einzelne Kind! Jeder Mensch hat Kanäle, über die er einfach und mit Freude lernen kann. Man muss sie nur finden.

Wie genau Sie das erreichen, möchte ich in diesem Ratgeber mit Ihnen gemeinsam erarbeiten. Ich möchte Ihnen zeigen, dass Ihr Kind Konzentration und dadurch auch das Lernen erlernen kann, denn Konzentration ist wie ein Muskel: Manche Menschen haben von Natur aus eine höhere Konzentrationsfähigkeit (beziehungsweise mehr Muskeln) als andere und gelangen schneller in einen Zustand des Fokus als andere. Aber durch die richtigen Techniken und Übungen können wir progressiv ein immer höheres Level dieser Fähigkeit (oder des Muskelwachstums) erreichen. Vielleicht sagen Sie sich jetzt: „Das klingt ja alles gut und schön. Aber wie genau geht das? Wie kann ich meinem Kind helfen, seine Konzentration zu trainieren und sie auszubauen, um ihm so das Lernen zu erleichtern? Welche Methoden gibt es, die individuell zu meinem Kind passen und wie kann ich diese anwenden?“ Um diese Fragen beantworten zu können und am Ende eine individuelle Strategie für Ihr Kind herausarbeiten zu können, ist es unerlässlich, zunächst einige theoretische Grundlangen zu klären. Sie wissen selbst, dass man praktische Tipps besser abstimmen und sinnvoll anwenden kann, wenn man zumindest grob die zugrundeliegenden Theorien verstanden hat. Ich möchte Ihnen deshalb in diesem Ratgeber zunächst in Grundzügen die Gehirnentwicklung eines Kindes erklären und Ihnen verständlich machen, warum Kinder über eine kürzere Konzentrationsspanne verfügen als Sie als Erwachsener. Außerdem werden wir die verschiedenen Lerntypen betrachten und welche Auswirkungen dies auf die Konzentration während verschiedener Aufgaben hat. Anschließend werden wir in die Praxis eintauchen und besprechen, wie Sie dieses theoretische Wissen gezielt anwenden können: Dafür habe ich Ihnen zehn Lernmethoden zusammengestellt, von denen ich überzeugt bin, dass sie das Lernen positiv beeinflussen und die Konzentration schulen. Dabei gehe ich zunächst auf recht allgemeingültige Tipps ein, die wirklich jedem Menschen dienlich sind, und anschließend auf einige, die auf speziellere Bedürfnisse zugeschnitten sind. Ich erkläre Ihnen, welche externen und internen Faktoren des Kindes im Zusammenhang mit diesen Methoden entscheidend für den Lernerfolg sind, warum und wie sie die Konzentration beeinflussen und wie Sie das ganz einfach und alltagstauglich für sich nutzen können.

Grundsätzlich ist dieser Text darauf ausgelegt, möglichst praktisch anwendbar zu sein. Ich werde so viele Beispiele geben wie möglich und versuchen, anhand von Grafiken und Abbildungen meine Ausführungen verständlicher zu machen. Allerdings sind Erklärungen und Beispiele immer nur Einzelfälle und können niemals das gesamte Spektrum an Möglichkeiten abbilden. Damit möchte ich Folgendes sagen: Sie, ebenso wie Ihr Kind, sind individuell. Durch Ihren Charakter bringen Sie unterschiedliche Vorkenntnisse, Erfahrungen, Stärken, aber auch Schwierigkeiten mit. Leider ist es nicht möglich, in einem Ratgeber jede Eventualität abzudecken. Deshalb sind Sie gefragt: Verstehen Sie meine Ausführungen als Anregungen und nicht als abschließende Beurteilungen oder Methoden. Denken Sie mit! Überlegen Sie selbst, was auf Sie zutrifft, ergänzen Sie, diskutieren Sie mit Ihren Mitmenschen. Recherchieren Sie selbstständig weiter, wenn Sie an einer Stelle mehr zum Thema wissen wollen und notieren Sie sich Kommentare, Fragen und Kritik. Setzen Sie sich mit dem Gelesenen auseinander und erstellen Sie am Ende eigene Strategien, Methoden und Ratschläge für sich selbst. Niemand kennt Ihr Kind besser als Sie. Nutzen Sie das, um ihm so zu helfen, dass es davon maximal profitieren kann.

„Konzentriere dich doch mal!"

Jeder hat diesen Satz in seinem Leben sicher schon einige Male gehört, zu sich selbst gesagt oder eine andere Person damit ermahnt. Wir nutzen ihn unbedacht, wenn wir wollen, dass jemand bei der Sache bleibt und sich nicht ablenken lässt. Doch was bedeutet es eigentlich genau, sich zu konzentrieren? Was steckt hinter diesem Wort, das wir so häufig automatisch nutzen? Ist es das Gleiche wie Aufmerksamkeit oder gibt es da einen Unterschied? Was genau meinen wir, wenn wir diesen Satz sagen? Nach der Definition im Duden ist Konzentration ein Teilbereich der Aufmerksamkeit und die Aufmerksamkeit ein Teil der Wahrnehmung.

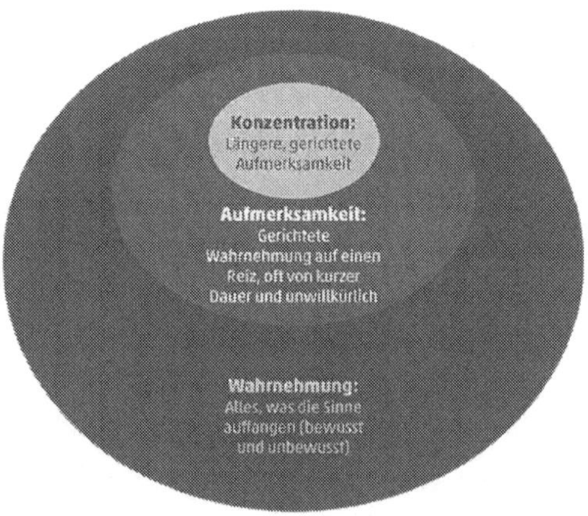

Unsere Wahrnehmung ist alles zusammengefasst, was unsere Sinne für uns aus der Außenwelt auffangen. Unsere Augen sehen etwas, unsere Ohren hören etwas, unsere Nase riecht etwas und so weiter – all das gehört zu unserer Wahrnehmung. Diese Sinnesreize werden von den jeweiligen Sinnesorganen in elektrische Reize umgewandelt. Jene werden dann über die Nervenbahnen in unser Gehirn geleitet und dort im sogenannten Hypothalamus in die Kategorien „wichtig" und „unwichtig" eingeteilt. Der Hypothalamus als ein zentraler Verknüpfungspunkt unseres Gehirns wird deshalb in den Neurowissenschaften immer wieder als *Tor zum Bewusstsein* bezeichnet: Er entscheidet, was wir bewusst wahrnehmen und was im Unterbewusstsein verarbeitet wird. Dieser Vorgang läuft sekündlich mehrere tausende Male ab, ohne dass wir davon etwas mitbekommen. Die Dinge, die wir bewusst wahrnehmen, sind diejenigen, die unsere Aufmerksamkeit auf sich ziehen. Aufmerksamkeit ist also die gelenkte, zielgerichtete Wahrnehmung eines spezifischen Reizes und seine bewusste Verarbeitung im Gehirn. Was unsere Aufmerksamkeit erregt, können wir oft nicht steuern, es ist unser Hypothalamus, der für uns entscheidet, ob ein bestimmter Reiz es wert ist, ins Bewusstsein aufgenommen zu werden. Die Aufmerksamkeit ist also bewusst, zielgerichtet auf einen Reiz, aber auch unwillkürlich. Erreichen wir es, unsere Aufmerksamkeit über einen längeren Zeitraum auf diesen spezifischen Reiz oder Aufgabe zu richten, bezeichnen wir das als Konzentration oder als Fokus. Es ist dieser Zustand, in dem wir über längere Zeit eine gerichtete Aufmerksamkeit halten und zum Großteil auch bewusst steuern.

Sind wir stark auf eine Sache konzentriert, werden bestimmte andere Prozesse der Wahrnehmung von unserem Gehirn stärker ausgeblendet: Unsere allgemeine Wachsamkeit auf unspezifische

Reize geht zurück. Die Vigilanz ist ein Teilbereich der Wahrnehmung und zu jedem Zeitpunkt unseres Lebens aktiv. Über sie sucht unser Gehirn permanent nach Reizen, die auf mögliche Gefahren hinweisen könnten. In der Steinzeit warnte die Vigilanz die Menschen beispielsweise vor Angriffen durch Säbelzahntiger oder andere wilde Tiere, indem bereits ein leises Knacken im Geäst abrupt und unausweichlich die komplette Aufmerksamkeit an sich riss. Aber auch heute ist sie kein bisschen weniger wichtig: Es ist die Vigilanz, die uns bereits vor dem herannahenden Auto auf der Straße warnt, bevor wir dieses überhaupt bewusst mit den Augen wahrnehmen konnten. In der Konzentration allerdings erhöht sich diese Schwelle, ab der wir diese unspezifischen Reize wahrnehmen. Die äußeren Einflüsse müssen lauter, heller, stärker werden, damit sie unsere bewusste Aufmerksamkeit erregen.

Wie die Gehirnentwicklung und die Konzentration zusammenhängen

In unserem Leben ist meist die Vor- und Grundschulzeit die erste Gelegenheit, zu der verstärkt unsere Konzentrationsfähigkeit gefordert wird. Zum ersten Mal werden wir gezwungen, längere Zeit am gleichen Platz zu sitzen und einer Aufgabe zu folgen, zuzuhören und mitzudenken. Zwar gibt es auch im Kindergarten schon Gelegenheiten, zu denen Konzentration gefordert ist, doch ist hier der Zeitrahmen ein geringerer, die Ausweichmöglichkeiten des Kindes sind größer und auch wird der fehlende Fokus des Kindes häufiger noch mit dem geringen Alter entschuldigt oder gar nicht als Problem wahrgenommen. Deshalb ist die Grundschulzeit auch das erste Mal im Leben des Kindes, dass die Auseinandersetzung mit dem Thema Konzentration und passender Lernmethoden fällig wird. Und auch wird zu dieser Zeit das erste Mal auffällig, wenn ein Kind im Bereich Konzentration und Fokus Schwierigkeiten zeigt. Aus diesem Grund widme ich mich in diesem Ratgeber auch besonders dieser Altersgruppe und gebe Tipps und Tricks für Kinder ab etwa fünf Jahren, die helfen können, ihre Konzentration zu schulen. Warum fällt es gerade Kindern so besonders schwer, sich zu konzentrieren? Im Allgemeinen heißt es doch, dass Kinder deutlich besser lernen als Erwachsene. Kinder haben eine größere Wissbegier, mehr Energie, sind neugierig und experimentierfreudig. Sie haben weniger Angst vor Risiken als Erwachsene und probieren in der Regel neue Dinge gerne aus. Müssten Sie dann nicht viel aufmerksamer und konzentrierter sein, um all das Neue zu lernen, was tagtäglich auf sie einwirkt? Das könnte man meinen, ist aber (leider) nicht so. Die Gründe dafür sind zu finden in der Gehirnstruktur von Kindern, in der Entwicklung des Gehirns und den physiologischen Vorgängen während der Lernprozesse. Lassen Sie uns dafür einen kleinen Abstecher in die Neurologie und die Pädiatrie machen.

Das Gehirn von Kindern arbeitet auf eine andere Weise als das Gehirn eines Erwachsenen. Das hängt vor allem damit zusammen, dass die gesamte Entwicklung des sogenannten zentralen Nervensystems noch nicht abgeschlossen ist. Anatomisch gesehen besteht das zentrale Nervensystem aus dem Gehirn und dem Rückenmark, es ist also die Steuer- und Schaltzentrale für beinahe alle Vorgänge in unserem Körper. Alle Prozesse im Körper haben hier ihren Ursprung oder stehen mit diesem System zumindest in Verbindung. Und zudem sind Lernprozesse jeglicher Art in diesem System verankert und laufen dort ab. Ohne das Gehirn und das Rückenmark funktioniert der Körper nicht. Um es noch etwas präziser zu beschreiben: Für das Lernen und die Konzentration sind bestimmte Gehirnareale vonnöten, die untereinander kommunizieren müssen, um Gedächtnis und Erinnerungen zu bilden. Diese Areale liegen vor allem im Neokortex als Teil des Großhirns, also dem evolutionstechnisch gesehen jüngsten Teil unseres Gehirns. Dieser Teil macht es uns Menschen überhaupt erst möglich, kognitiv zu denken und abstrakte Inhalte zu begreifen, abzuspeichern und später zu nutzen. Tiere mit aus Evolutionssicht weniger weit entwickelten Gehirnen können das nicht: Hunde beispielsweise haben deutlich weniger kognitive Fähigkeiten und sind entsprechend nicht zu solch komplexen Gedankengängen fähig. Um zu verstehen, wie weit die Entwicklung des Gehirns im Grundschulalter fortgeschritten ist, müssen wir ganz vorne beginnen, nämlich im Mutterleib, wenn die Gehirn- und die Organentwicklungen ihren Anfang nehmen.

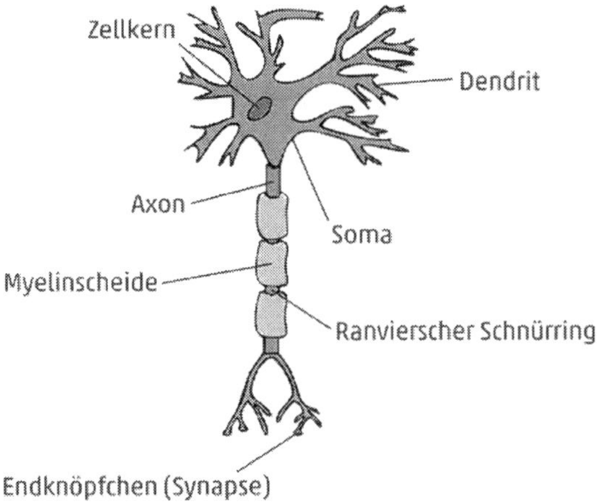

Die Bildung der Nervenzellen, beziehungsweise deren Differenzierung aus den Stammzellen des Embryos, beginnt in der dritten Woche der Schwangerschaft. Jede einzelne Nervenzelle im Körper besteht aus einem Körper, in dem fast alle Zellorganellen beheimatet sind, mehreren, fingerförmigen Ausläufern (den Dendriten), über die die Nervenzelle Impulse von außen empfängt, und einem Ausläufer (das Axon), der für die Weiterleitung von Informationen an andere Zellen verantwortlich ist. Ihre Position innerhalb des neu entstehenden Gehirns nehmen die Nervenzellen etwa zum Ende der achten Schwangerschaftswoche ein. Das bedeutet, dass bereits zu diesem Zeitpunkt sowohl die Anzahl als auch die Lokalisation der Nervenzellen determiniert ist: Es werden zu keinem späteren Zeitpunkt mehr Neurone hinzugefügt, ebenso wenig, wie sie ihren Platz innerhalb des Körpers noch verändern. Die Neurone selbst sind allerdings nur die Grundstruktur des Gehirns. Die Entwicklung der Strukturen, die später dem Menschen kognitive Fähigkeiten und somit das Lernen ermöglichen, beginnt deutlich später.

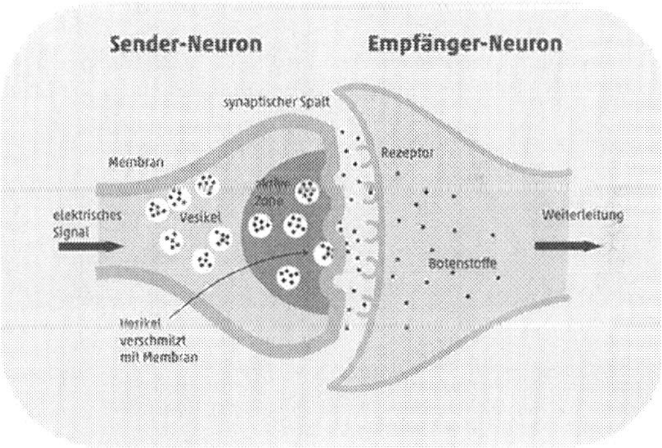

Wichtig in diesem Zusammenhang ist: Wie intelligent ein Mensch später ist, was er lernt, welche Erinnerungen er bildet, welche Emotionen er mit verschiedenen Situationen verknüpft und alle weiteren bewussten und unbewussten Prozesse des Gehirns hängen nicht davon ab, wie viele Nervenzellen dieser Mensch besitzt. Entscheidend dafür sind vielmehr die Verknüpfungen und Verbindungen unter den Nervenzellen. Die Verbindungsstellen zwischen den Nervenzellen, also die Stellen, an denen das Senderende einer Nervenzelle (das Axon mit seinen Ausläufern) auf das Empfängerende einer anderen Nervenzelle (die Dendriten) trifft, werden Synapsen genannt. Über sie kommunizieren die Nervenzellen untereinander, indem die eine Nervenzelle an ihrem „Senderende" verschiedene Botenstoffe freisetzt, die die nächste Nervenzelle mit ihren „Empfängerenden" auffängt. Zu diesen Botenstoffen gehören unter vielen anderen Serotonin, Dopamin, Glutaminsäure, Acetylcholin und Adrenalin – sie sind wie kleine Briefe mit Informationen, die die Nervenzellen zwischen sich hin und her schicken. Die Empfängerzelle nimmt diese Botenstoffe in sich auf und stößt verschiedene verarbeitende Prozesse an – je nachdem, welcher dieser Botenstoffe gesendet wird. Hat sie die Nachricht sozusagen decodiert, schickt sie ihrerseits wieder Botenstoffe an die nächsten Nervenzellen und so weiter. So werden Informationen über das gesamte Gehirn hinweg verbreitet – oder auch über das Rückenmark schließlich in den ganzen Körper gesendet, um dort ebenfalls alle Arten von Reaktionen auszulösen. Auch das Lernen hängt von den Synapsen ab: Erfahren wir etwas Neues oder erlernen eine neue Fähigkeit, bilden sich neue Synapsen zwischen den Nervenzellen oder bestehende Synapsen verdichten und verfestigen sich und werden noch effizienter in der Weiterleitung von Informationen.

Dieser Prozess der sich neu bildenden und verändernden Synapsen beginnt bereits, sobald die Nervenzellen ihren Platz innerhalb des heranwachsenden Gehirns eingenommen haben und bleibt bis ins hohe Alter hin erhalten. Dieser Vorgang trägt in der Fachsprache auch den Namen „neuronale Plastizität". Schon im Mutterleib nehmen wir pausenlos Reize aus unserer Umwelt wahr, verarbeiten sie, modifizieren sie, manifestieren sie in unserem Gehirn. Ganz allgemein gesagt gilt: Je jünger wir sind, desto besser und schneller funktioniert es, diese neuen Verknüpfungen zu bilden. Das ist auch der Grund, warum Alkohol oder andere toxische Substanzen in der Schwangerschaft so fatale Folgen haben können: Die Nervenzellen reagieren in dieser sensiblen Phase extrem empfindlich auf störende Umwelteinflüsse. Werden sie und die Bildung ihrer Synapsen aus dem Gleichgewicht gebracht, verbinden sie sich falsch untereinander, sterben ab oder senden falsche Signale. Die Bildung wichtiger Verknüpfungen wird behindert und kann diesen Menschen anschließend sein ganzes Leben lang beeinträchtigen – denn leider gilt in der Gehirnentwicklung der Grundsatz: Einmal kaputt ist immer kaputt.

Bei der Geburt besitzt ein Mensch etwa 100 Milliarden Nervenzellen. Da die neuronale Plastizität zu diesem Zeitpunkt schon mehrere Monate im vollen Gange läuft und dauerhaft Synapsen gebildet werden, sind diese zu diesem Zeitpunkt schon millionenfach untereinander verknüpft. Das Gewicht des Gehirns eines Säuglings beträgt aber trotzdem nur etwa ein Viertel dessen eines Erwachsenen. Woran liegt das? Wie kann das Gehirn derart an Gewicht zunehmen, wenn später, wie wir bereits gelernt haben, keine neuen Nervenzellen mehr gebildet werden? Der Grund hierfür ist, dass im Kindesalter noch um ein Vielfaches mehr Synapsen gebildet werden als in der Embryonalphase und dass die bestehenden Nervenzellen beginnen, Ummantelungen zu bilden, die die Reizweiterleitung noch deutlich schneller gestalten. Sie können sich diese Ummantelungen vorstellen wie die Isolation bei einem Stromkabel: Je weniger die Leitung der Signale innerhalb eines Kabels durch äußere Einflüsse gestört wird, desto schneller kann es seine Signale von einem Ende zum anderen bringen. Erst diese Verbesserung der Leitfähigkeit und die schnellere Signalverarbeitung machen es einem Menschen möglich, komplexere motorische und kognitive Fähigkeiten wie Sitzen, gezieltes Greifen, Stehen und Gehen oder später dann Sprechen zu erlernen. Hätten wir diese Isolierungen der Nervenzellen nicht, wären unsere Bewegungen hauptsächlich auf Reflexe und langsame, ungerichtete Bewegungen beschränkt und abstraktes Denken, Vorstellungskraft oder gar Planung wären kaum bis gar nicht möglich.

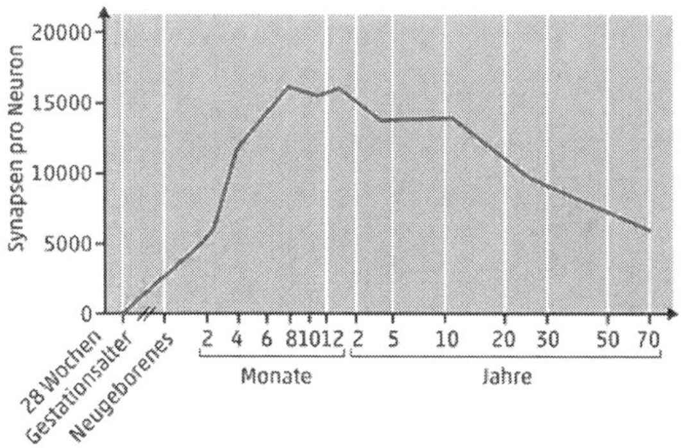

Interessant wird es vor allem im Alter ab zwei bis etwa zehn Jahre: In dieser Zeit steigt die Bildung von Synapsen so rasant wie sonst nie im Leben. Kinder in diesem Alter haben doppelt bis dreimal so viele Synapsen wie ein Erwachsener! Die derart schnelle Bildung von Verbindungen zwischen den Nervenzellen ist der Grund, warum in diesem Alter die Lernfähigkeit so enorm hoch ist wie danach nie wieder. Entsprechend hoch ist auch die Neugierde – aber auch die Ablenkbarkeit, die die Kinder in dieser Zeit zeigen. Das Lernen fällt ihnen sehr leicht und je mehr Reize und Situationen sie kennenlernen, desto mehr Synapsen bilden sich. Mit etwa dem zehnten Lebensjahr beginnt der erneute Abbau eines Teils der bis dahin ausgebildeten Synapsen.

Die Verbindungen, die selten oder gar nicht mehr genutzt werden, lösen sich voneinander. Nutzt ein Kind beispielsweise seine Sprachfähigkeiten enorm, wird immer wieder damit konfrontiert und muss eigene Sprache produzieren, werden diese Synapsen primär stärker vorhanden bleiben als andere – ja, sie verfestigen und verstärken sich sogar noch mehr. Entsprechend viel Einfluss haben also all die Erfahrungen, die im Zeitraum bis dahin gemacht wurden. Die Kinder werden sozusagen geprägt auf bestimmte Umstände, an die sie sich anpassen müssen. Die richtige Sozialisierung sowie die Konfrontation mit möglichst vielen Eindrücken und Erfahrungen sind in dieser Zeit besonders wichtig. Diese Inhalte und Vorprägungen und die sich im Gehirn abbildenden Verbindungen bleiben uns bis ans Ende unseres Lebens erhalten, beeinflussen uns auch als Erwachsene noch maßgeblich bei unseren Entscheidungen, unseren Verhaltensweisen, Überzeugungen, Glaubenssätzen und unseren Fähigkeiten.

In der Zeit des starken Synapsenwachstums (mit etwa drei bis vier Jahren) finden auch die Entwicklung und Ausprägung unseres Langzeitgedächtnisses statt. Das Langzeitgedächtnis ist nicht in einer speziellen Region des Gehirns beheimatet, vielmehr benötigt es ein reibungsloses Zusammenspiel mehrerer gedächtnisbildender Areale, um dauerhafte Erinnerungen zu bilden und später auch wieder abzurufen. Dafür sind bestimmte Verknüpfungen und Bahnen zwischen diesen Gehirnarealen vonnöten, die vor allem im Seitenlappen des Gehirns lokalisiert sind. Um eine Erinnerung in unserem Gedächtnis zu festigen, muss die entsprechende Information immer und immer wieder über bestimmte Bahnen zwischen den entsprechenden Gehirnregionen hin- und hergeschickt werden. Ob ein von uns gelernter Inhalt ins Langzeitgedächtnis übergeht, ob er also dauerhaft von uns gespeichert und später erinnert wird, hängt vom Hypothalamus (Sie erinnern sich: das Tor zum Bewusstsein) ab. Wird dieser Inhalt als relevant genug bewertet, um ihn immer und immer wieder durch diesen Regelkreis im Gehirn zu schicken und so zu verfestigen? Je öfter die entsprechenden Bahnen zwischen den beteiligten Gehirnstrukturen von diesem Inhalt „abgewandert" werden, wie oft also die entsprechenden Synapsen aktiviert werden, desto tiefer geht dieser Fakt in unser Gedächtnis ein.

Zusammengefasst und etwas verallgemeinert hat die Gehirnentwicklung also etwa folgenden Ablauf: Nervenzellen werden gebildet, Ummantelungen und neue Verbindungen zwischen ihnen werden aufgebaut, die Lernfähigkeit und die Gedächtnisbildung steigen. Dies geht aber nicht ewig so. Etwa mit acht bis zehn Jahren erreicht die Anzahl der Verbindungen ihr Maximum, dann fällt sie wieder ab und nur noch die relevanten Verbindungen bleiben bestehen. Wie hängt dies nun mit der Konzentrationsfähigkeit zusammen? Dies werden wir im kommenden Kapitel besprechen.

Welche Rolle spielt das Alter bei der Konzentration?

Die Erinnerungsfähigkeit steigt (wie Sie sicher wissen) mit dem Alter des Kindes an. Bereits ein Säugling kann sich in einem bestimmten Maße an Erlebnisse erinnern, allerdings nur für maximal 24 Stunden. Mit neun Monaten ist das Gedächtnis bereits so ausgeprägt, dass Ereignisse für etwa einen Monat haften bleiben und mit vier bis sechs Jahren können erste Inhalte wirklich dauerhaft behalten werden. Ist Ihnen etwas aufgefallen? Es hat einen Grund, warum wir unsere Kinder mit sechs Jahren in die Schule schicken. Vorher ist es den Kindern aufgrund ihrer Gehirnstruktur und des noch nicht genügend ausgebildeten Langzeitgedächtnisses gar nicht möglich, abstrakte Inhalte zu begreifen und über längere Zeit im Gedächtnis zu behalten – erstens, weil ihnen die nötigen Synapsen fehlen, und zweitens, weil die Bahnen zwischen den Zentren der Langzeiterinnerung noch nicht vorhanden sind. Und was ist mit der Konzentrationsfähigkeit? Hängt die auch mit all dem zusammen? Wenn Kinder so leicht lernen, warum ist ihre Konzentration dann so viel eingeschränkter als die eines Erwachsenen?

Wir haben bereits besprochen, wie Synapsen funktionieren: Eine Sendernervenzelle schüttet bestimmte Botenstoffe (auch Neurotransmitter genannt) aus, die eine Empfängerzelle aufnimmt und verarbeitet. Wir haben auch gelernt, dass diese Synapsen maßgeblich dafür verantwortlich sind, dass wir Inhalte abspeichern und später wieder abrufen können. Und – das ist jetzt neu – außerdem sind die Synapsen für unsere Konzentrationsspanne verantwortlich.

Wie das?

Innerhalb der Senderneurone liegt eine begrenzte Anzahl an Botenstoffen vor. Diese sind in sogenannten Vesikeln verpackt. Das sind kleine Bläschen innerhalb der Zelle, die die Botenstoffe speichern, bei Bedarf mit der Zellmembran verschmelzen und dadurch die Botenstoffe in den Synapsenspalt ausgießen. Sind sie einmal in die Synapse ausgeschüttet worden, dauert es einige Zeit, bis sie wieder in die Vesikel verpackt werden können und zurück in die Senderzelle transportiert werden. Schütten wir schneller Botenstoffe aus den Zellen in die Synapse aus als sie wieder zurück in die Zelle gebracht werden können, sind irgendwann logischerweise keine Botenstoffe mehr da, die ausgeschüttet werden könnten. Das ist der Zeitpunkt, an dem uns unsere Konzentration ausgeht und unsere Lernfähigkeit schlagartig abnimmt, also der Zeitpunkt der kognitiven Ermüdung und schließlich der Erschöpfung.

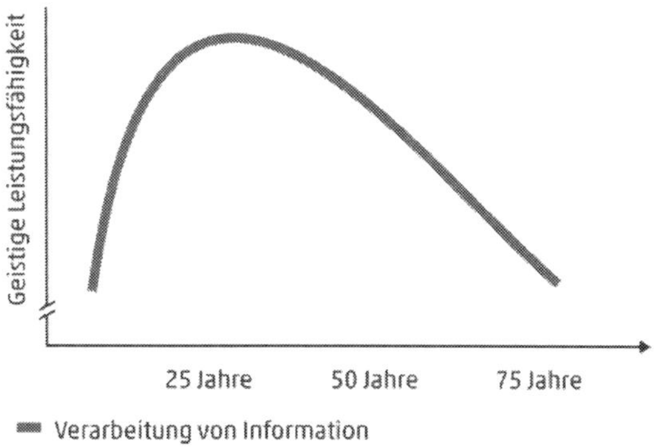

Wie schnell das passiert, wie schnell wir also erschöpfen, hängt davon ab, wie viele Reserven in unseren Nervenzellen vorhanden sind und wie schnell die Botenstoffe ausgeschüttet und verbraucht werden. Entsprechend verbrauchen Prozesse, die viel Energie und viel Konzentration erfordern, schneller die vorhandenen Botenstoffe als weniger anstrengende Aufgaben. Mit dem Alter wachsen unsere Reserven und verschiedene Lernprozesse werden einfacher für uns, weil wir mehr Übung in den zugehörigen Aufgaben erlangen. Dadurch wächst auch mit dem Alter unsere Konzentrationsfähigkeit. Zumindest bis zu einem bestimmten Punkt: Ab dem mittleren Lebensalter nehmen die Konzentrations- und Gedächtnisfähigkeiten aus verschiedenen, hier nicht weiter relevanten Gründen, wieder ab. Bis dahin verbessert sich in der Regel die Konzentrationsfähigkeiten eines Menschen stetig. Trotzdem überschätzen wir gerne die Zeitspanne, über die wir wirklich konzentriert arbeiten können – sowohl bei uns selbst als auch bei unseren Kindern.

Selbst ein Erwachsener kann kaum länger als 90 Minuten mit einem Level an hoher Konzentration durcharbeiten. Meist ist sogar schon nach einer deutlich kürzeren Phase Schluss. Dann benötigt er zumindest eine kurze Pause, um den Nervenzellen die Möglichkeit zu geben, ihre Botenstoffspeicher wieder aufzufüllen. Beobachten Sie sich doch interessehalber einmal selbst, wie lange Sie sich richtig konzentrieren können und wie lange es dauert, bis Sie von einer Aufgabe zumindest kurzzeitig abgelenkt werden! Es geht meist schneller als wir es selbst einschätzen.

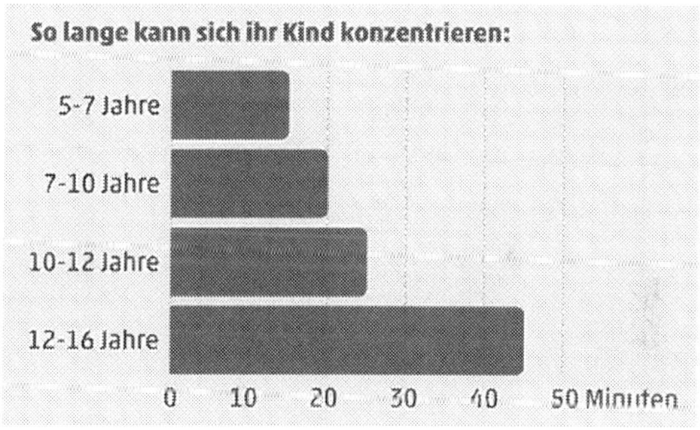

Bei Kindern ist diese Spanne noch deutlich kürzer: Grundschulkinder in den ersten beiden Jahrgangsstufen weisen nur ein durchschnittliches Konzentrationsfenster von etwa 15 Minuten auf. Bis zum Ende der Grundschulzeit erhöht sich dieser Wert auf etwa 25 Minuten. Und selbst bei Jugendlichen bis 16 Jahre kann man nur über eine Zeitspanne von einer knappen Stunde von einem hohen Level an Fokus ausgehen. Das ist nicht viel Zeit! Und leider kann man auch an diesem Zeitwert selbst relativ wenig verändern. Was wir aber verändern können, ist, wie konzentriert wir in diesem Zeitraum arbeiten und lernen können. Und genau das will ich Ihnen im späteren Verlauf dieses Ratgebers helfen zu beantworten: Wie können Sie gemeinsam mit Ihrem Kind das Maximum an Effektivität und Konzentration aus dieser kurzen Zeit herausholen?

Im Zusammenhang mit der Konzentrationsfähigkeit bei Kindern wird auch das Thema von Lern- und Konzentrationsstörungen immer interessanter. „Mein Kind kann sich schlecht konzentrieren und wird schnell abgelenkt – ist das noch normal oder hat es womöglich ADHS?" Diese Frage stellen sich viele Eltern, die sich mit einem unkonzentrierten Kind konfrontiert sehen. ADHS steht für Aufmerksamkeitsdefizit-Hyperaktivitätssyndrom und ist eine psychische Störung mit den Hauptsymptomen Unaufmerksamkeit, motorische Hyperaktivität und Impulsivität. Doch nicht immer, wenn wir als Eltern das Gefühl haben, unser Kind wäre unkonzentriert und leicht ablenkbar, muss das zwangsläufig ein Hinweis auf ein solch gravierenderes Problem sein. Manchmal setzen wir auch einfach falsche Maßstäbe, weil wir denken, unser Kind müsse sich genauso lang konzentrieren können wie wir oder wie ältere Geschwister im Haus.

Anhand dessen, was wir im vorherigen Absatz besprochen haben, können Sie jetzt zumindest eine erste Einschätzung vornehmen, ob die Aufmerksamkeitsspanne Ihres Kindes ungefähr im Normbereich seiner Altersgruppe liegt. Sollte das nicht so sein und Sie das Gefühl haben, Ihr Kind weicht mit seinen Fähigkeiten beim Lernen und der Konzentration stark vom Durchschnitt seiner Klassenkameraden und Freunde ab, fangen Sie bitte nicht an, ihm eigenständig Diagnosen zu stellen. Suchen Sie sich zusätzlichen Rat bei erfahrenen Experten! Diese können Ihnen am besten helfen. Dennoch: Gerade weil ADHS und andere Lernstörungen in den letzten Jahren immer häufiger vorkommen (die Erklärungsansätze für diesen Anstieg sind vielfältig), möchte ich die Problematik in diesem Ratgeber nicht unerwähnt lassen und sie später auch noch einmal aufgreifen. Selbst wenn Ihr Kind an einer solchen Lernstörung leiden sollte, sind nämlich viele der Tipps in den folgenden Kapiteln ebenfalls wertvoll für Sie. Sie können auch Ihnen helfen, Ihrem Kind eine gute Konzentrationsfähigkeit anzutrainieren.

Damit schließt sich der Kreis zurück zum Anfang dieses Kapitels: Konzentration ist wie ein Muskel, den Sie trainieren können. Es gibt unendlich viele Methoden, Tipps und Tricks, die Sie ausprobieren können, um mit einem Kind seine Aufmerksamkeit zu schulen und den Fokus zu verbessern. Die Grundlagen dafür haben wir in diesem Kapitel besprochen: Sie wissen jetzt, wie sich das Gehirn im Kindesalter entwickelt, wie das die Lern- und die Konzentrationsfähigkeit beeinflusst und wie lange Sie von Ihrem Kind erwarten können, sich zu fokussieren. Wie können wir dieses Wissen nutzen?

Wir kommen nun zum praktischen Teil dieses Ratgebers. Indem Sie Ihrem Kind dabei helfen, seine Konzentrationsfähigkeit zu verbessern, wird ihm dadurch auch das Lernen leichter fallen und (wieder) mehr Spaß machen. Was wir als einfach empfinden, machen wir gerne. Ist das Lernen mühsam, ist es kein Wunder, wenn wir uns nicht dazu aufraffen können. Und gerade bei Kindern im Grundschulalter ist es wichtig, dass ihnen das Lernen Spaß macht. Schließlich haben sie noch eine längere Schulzeit vor sich. Machen Sie sich bewusst, dass Kinder in der

Regel lernen, weil sie es müssen, nicht weil sie es wollen. Deshalb ist das Thema Motivation hier ein besonders entscheidendes. Schaffen Sie es, Ihrem Kind in den ersten Jahren Spaß am Lernen zu vermitteln, wird es wahrscheinlich weniger Probleme in der kommenden Schulzeit haben, als wenn es das Lernen nie mit etwas Positivem verknüpfen konnte. Welche Hebel haben Sie, um Ihrem Kind bei der Verbesserung seiner Konzentration zu helfen und seine Fokussierung zu fördern? Welche Tipps und Tricks können Sie einsetzen, die das Gehirn trainieren, ohne dass es von Ihrem Kind als Anstrengung empfunden wird? Welche allgemeingültigen Methoden gibt es? Und wie können Sie auf individuelle Bedürfnisse Ihres Kindes richtig reagieren?

Im folgenden Teil dieses Ratgebers werden wir diese und viele Fragen mehr beantworten und uns verschiedene Übungen und Tricks für zu Hause besprechen, die Ihnen ganz unkompliziert helfen können, die Konzentration und damit die Lernfähigkeiten Ihres Kindes zu schulen. Es sind Tipps für viele verschiedene Faktoren, die auf das Lernen Einfluss nehmen. Probieren Sie so viele davon aus, wie Sie können! Evaluieren Sie, welche funktionieren und welche nicht und bauen Sie die für Sie passenden aus. Aber am besten Schritt für Schritt: Machen Sie nicht zu viel auf einmal, sondern geben Sie Ihrem Kind immer wieder Zeit, sich an die neuen Routinen zu gewöhnen. Und hören Sie ihm zu, welche Übungen und Tricks es für gut befindet und welche nicht. Vertrauen Sie Ihrem Gefühl – und dem Ihres Kindes. Die Intuition liegt meistens richtig. In den folgenden Kapiteln werde ich Ihnen so viele alltagstaugliche Tipps wie möglich geben, um mit Ihrem Kind die Konzentrationsfähigkeit zu verbessern und damit auch sein Lernen erfolgreich und nachhaltig zu beeinflussen. Vor allem soll es darum gehen, wie das Ganze Ihnen und

Ihrem Kind so viel Spaß wie möglich bereiten kann. Deshalb halte ich Sie hier noch einmal dazu an: Denken Sie mit! Vielleicht haben Sie noch mehr Ideen und Tricks, um Ihrem Kind zu zeigen, dass konzentriertes Arbeiten und Lernen lustig sein kann und nicht immer nur lästig und anstrengend. Nutzen Sie alle Möglichkeiten, die sich Ihnen bieten, und bewerten Sie selbst, was Ihnen etwas bringt und was nicht. So werden Sie den größtmöglichen Erfolg für Ihren Nachwuchs herausholen!

Fünf gezielte Strategien für mehr Lernfähigkeit und Konzentration

So unterschiedlich die meisten Menschen auch sein mögen, so haben doch alle Menschen einige Dinge gemeinsam – einfach, weil wir Lebewesen sind, deren Organismen auf ähnliche Weisen funktionieren. Deshalb gibt es auch einige Methoden und Techniken, die jeden Menschen auf dieser Welt positiv oder negativ beeinflussen und auch einen Einfluss auf ihre Lernfähigkeit und die Konzentration haben. Dazu gehören vor allem körperliche Voraussetzungen. Sprichwörtlich lässt sich das so ausdrücken: In einem gesunden Körper wohnt ein gesunder Geist. Einigermaßen frei übersetzt bedeutet das, dass ein gepflegter, gesunder Körper die Voraussetzungen schafft, dass unser Gehirn optimal arbeiten kann. So können wir beispielsweise über unsere Ernährung sicherstellen, dass wir mit allen wichtigen Nährstoffen versorgt sind, die unser Geist zum Arbeiten und Lernen benötigt. Auch Pausen und Entspannung sind beispielhaft für etwas, das jeder Mensch hin und wieder braucht.

Über genau diese Themen sprechen wir in diesem Abschnitt des Ratgebers: Ich habe die aus meiner Sicht fünf wichtigsten Methoden zusammengestellt, die für ein erfolgreiches, konzentriertes Lernen Ihres Kindes erforderlich sind und die für wirklich jeden Menschen auf dieser Welt gelten. Vieles davon mag Ihnen vielleicht selbstverständlich erscheinen, aber ich möchte auch jenen Lesern ein umfassendes Verständnis der wichtigsten Fakten geben, die sich mit dem Thema Lernen noch nicht so viel auseinandergesetzt haben.

Deshalb nehmen Sie das, was Sie schon kennen, als Wiederholung an. Und vielleicht erfahren Sie ja doch noch das ein oder andere neue. Es lohnt sich auf jeden Fall, diese allgemeinen Tipps zu beherzigen. Ihr Kind wird den Unterschied schnell spüren!

Strategie 1: Der Einfluss von Ernährung und Bewegung auf die Konzentration

Die richtige Ernährung ist entscheidend für die Leistung des Gehirns. Es scheint trivial zu sein und logisch. Jeder weiß es. Und dennoch kann man es nicht oft genug erwähnen: Die elementarsten Bestandteile eines gesunden Lebens sind die Ernährung und ausreichende Bewegung. Die Ernährung versorgt uns mit allem, was wir brauchen, unsere Nahrung ist der Kraftstoff, der unseren Körper am Laufen hält. Ohne Essen sterben wir innerhalb weniger Wochen, ohne Trinken bereits nach wenigen Tagen. Ernähren wir uns nicht ausreichend oder zu einseitig, erleiden wir einen Mangel an bestimmten Nährstoffen, was uns auf lange Sicht krank und schwach macht. Unser Gehirn als zentralstes und wichtigstes Organ in unserem Körper benötigt im Vergleich zu seiner Größe die meiste Energie in unserem Körper.

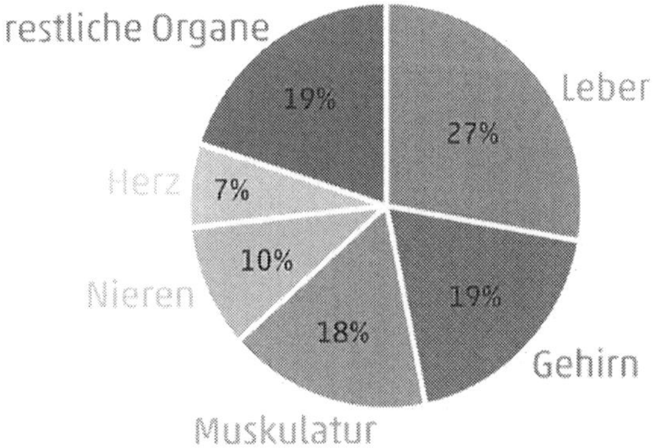

Wird es nicht in genügender Form und mit den richtigen Nährstoffbestandteilen versorgt, kann es nicht richtig funktionieren. Das macht sich dann in unseren kognitiven Leistungen bemerkbar: Unsere Gedanken werden langsam, wir werden unkonzentriert, ablenkbar, müde und lernen schlechter. Kinder, deren Gehirn sich noch im Wachstum befindet, bei denen tagtäglich enorme Anzahlen an neuen Synapsen gebildet werden und deren Nervenzellen gerade dabei sind, ihre Isolierungen aufzubauen, brauchen prozentual gesehen sogar noch einiges mehr an Nährstoffen als ein ausgewachsenes Gehirn. Denken, Lernen und Erinnern braucht Energie. Möchten wir nun ein Kind optimal unterstützen bei all den Lernprozessen, die es tagtäglich durchlaufen muss, ist es unsere Aufgabe, für eine ausreichende Versorgung seines Gehirns mit Energie und Nährstoffen zu sorgen. Nur so kann eine dauerhaft gute Leistung beim Lernen und in der Konzentration sichergestellt werden. In der Praxis heißt das Folgendes: Achten Sie darauf, dass Ihr Kind genug isst, und auch darauf, dass es die richtigen Speisen zu sich nimmt!

Das mag zunächst trivial erscheinen, ist es aber leider nicht. In der heutigen Zeit kommt es immer häufiger vor, dass wir Menschen (nicht nur unsere Kinder) sich falsch ernähren und damit merklich an Leistungsfähigkeit einbüßen. Wir leben in einem ständigen Überfluss an Nahrungsmitteln – und vor allem an ungesunden Nahrungsmitteln. An jeder Ecke können wir Fastfood kaufen, in jedem Supermarkt gibt es hunderte Fertiggerichte und die meisten davon sind mit einer Menge Stabilisatoren, Konservierungsstoffen und Geschmacksverstärkern versetzt. Und da es in unserer Welt meist schnell und einfach gehen muss, nehmen wir uns oft gar nicht mehr genug Zeit, um uns über unsere Ernährung Gedanken zu machen. Da gibt es dann doch öfter das Fertiggericht oder den Burger von McDonalds als es eigentlich gesund wäre – und frisch zubereitetes Gemüse oder Obst kommt leider viel zu kurz.

Das Problem an dieser Art von Fertignahrungsmitteln ist, dass sie häufig einen sehr geringen Nährstoffgehalt haben. Sie bestehen aus sogenannten leeren Kalorien – sie enthalten viele kurzkettige Kohlenhydrate, die schnell vom Körper aufgenommen werden, den Blutzucker rasant in die Höhe treiben, aber so schnell gar nicht verwertet werden können. Durch den rasanten Blutzuckeranstieg wird auch sehr schnell sehr viel Insulin aus der Bauchspeicheldrüse freigesetzt. Insulin ist ein Hormon, das nach einer Mahlzeit dafür sorgt, dass die Zuckermoleküle der Nahrung aus dem Blut in die Gewebezellen aufgenommen werden können, in denen sie gebraucht werden. Der ebenso rasante Anstieg von Insulin wie der des Blutzuckers führt dazu, dass die vorhandenen Zuckermoleküle schnell in die Zellen aufgenommen werden – schneller, als das Insulin wieder aus dem Blut entfernt werden kann. Das bedeutet, dass nach kurzer Zeit kein Zucker mehr da ist, den das Insulin in die Zellen transportieren könnte, wohl aber viel freies Insulin. Dieses Ungleichgewicht signalisiert dem Gehirn einen Energiemangel und führt zu Heißhungerattacken nur kurz nach der letzten Mahlzeit. Kurz gesagt bedeutet das, dass Fastfood häufig viele, nicht verwertbare Kalorien enthält, die dann in Form von Fett gespeichert werden und durch den hohen Gehalt an schnell aufnahmefähigen Kohlenhydraten dazu führt, dass wir schneller wieder Hunger bekommen und deshalb insgesamt mehr essen.

Abgesehen davon enthalten Fastfood und andere Fertiggerichte im Vergleich sehr wenige Vitamine, wenige Mineralstoffe und wenige Ballaststoffe – also wenige Nährstoffe, die unser Körper zum flüssigen Funktionieren braucht. Dafür sind viele schlechte Fette, viel Cholesterin und andere unvorteilhafte Bestandteile enthalten. Diese Mischung aus schlechten Nahrungsbestandteilen löst im Körper verschiedene Prozesse aus: Die Blutgefäße verkalken schneller, werden porös und reißen schneller ein, sie werden enger und können weniger Blut transportieren. Die Auswirkungen bekommen wir meist erst zu spüren, wenn wir schon erwachsen sind: Die Menschen erleiden Herzinfarkte, Schlaganfälle und Thrombosen. Doch ernähren wir uns schon im Kindesalter hauptsächlich von diesen Nahrungsmitteln, setzen diese Prozesse bereits zu diesem Zeitpunkt ein. Das nur nebenbei.

Um gut zu funktionieren, braucht unser Gehirn Energie (und zwar möglichst konstante Mengen anstatt starker Schwankungen im Blut) und wichtige Mineralstoffe und Vitamine (beispielsweise Vitamin B12, Vitamin C und andere Vitamine aus der B-Gruppe). Diese erhalten wir, indem wir möglichst ausgewogen essen und trinken. Ausgewogen bedeutet allgemein gesagt:

von allem etwas, von nichts zu viel. Es ist also kein Problem, ab und an einmal eine Pizza zu essen oder einen Burger von McDonald´s. Auch Schokolade oder andere Süßigkeiten sind kein Problem. Zur Gewohnheit sollte das allerdings nicht werden. Eine Ernährung mit einem hohen Anteil an Früchten und Gemüse, gemischt mit vielen Vollkornprodukten, gelegentlich etwas Fleisch und Fisch und einigen Milchprodukten ist ideal, um Ihr Kind ausgewogen zu ernähren und so einen guten Grundstein für dessen Gehirnfunktion zu legen. Einen guten und hilfreichen Überblick kann Ihnen die Nahrungspyramide geben, wenn Sie einschätzen lernen möchten, welche Nahrungsmittel in welchen Mengen gesund sind und verzehrt werden sollten. Diese zeigt die elementarsten Grundlebensmittel unten als Basis und die Lebensmittel weiter oben, die seltener auf den Tisch kommen sollten.

Wenn Sie mehr Hilfe wünschen oder brauchen, um eine gute Ernährungsweise für Ihr Kind zu etablieren, wenden Sie sich hierfür an einen Experten! All die Grundlagen der Ernährung zu klären, würde den Rahmen dieses Ratgebers sprengen. Vielmehr von praktischem Nutzen für Sie wird sein, wenn wir noch etwas genauer darauf eingehen, wann und wie Sie die Nahrungsaufnahme gestalten können, um Ihrem Kind bei den einzelnen Lerneinheiten das Lernen zu erleichtern. Haben Sie schon einmal versucht, mit vollem Magen nach einer großen Mahlzeit zu lernen oder produktiv zu sein? Es ist beinahe unmöglich, oder? Legen Sie die Mahlzeiten also so, dass Ihr Kind nicht direkt danach an seine Hausaufgaben muss. Nach dem Essen ist der Körper zunächst einmal mit der Verdauung beschäftigt. Die Blutverteilung innerhalb des Körpers wird zugunsten des Verdauungstraktes verschoben, denn jener muss zu dieser Zeit besonders viel arbeiten und braucht deshalb auch besonders viel Sauerstoff. Entsprechend kommen weniger Energie und weniger Sauerstoff im Gehirn an, das dann auch schlechter arbeiten kann. Das ist der Grund, warum wir nach einem großen Essen oft zu müde sind!

Geben Sie Ihrem Kind nach einer Mahlzeit ein wenig Zeit, um zu verdauen. Lassen Sie es eine Pause machen oder es sich ein wenig bewegen (auch moderate Bewegung kurbelt die Verdauung an). Es wird sich besser konzentrieren können, wenn der Magen nach einer halben oder dreiviertel Stunde nicht mehr ganz so voll ist. Alternativ ist auch Folgendes ein Tipp, den Sie gerne einmal ausprobieren können: Lassen Sie Ihr Kind mit einem moderaten Hunger lernen. Mit moderatem Hunger meine ich einen geringen Hunger – Ihrem Kind sollte nicht der Magen knurren. Aber es ist nachgewiesen, dass ein kleines bisschen Hunger unsere Konzentration und auch unsere Leistungsfähigkeit steigern kann. Sehen Sie sich dafür einmal in der Tierwelt um: Löwen gehen auch morgens jagen, ohne Frühstück und mit leerem Bauch – also dann, wenn ihr Körper die Energie nicht für die Verdauung benötigt. Dann können sie Höchstleistungen beim Sprint erbringen und erfolgreich ein Tier erlegen, bevor sie sich nachmittags nach der Jagd nur noch ausruhen. Auch Ihr Kind trägt diese Veranlagung in sich, so wie jedes andere Lebewesen auch. Geben Sie Ihrem Kind beispielsweise nur ein kleines, leichtes Mittagessen, bevor es sich an die Hausaufgaben setzen soll und die große Mahlzeit es erst danach, wenn dann genug Zeit zum Ausruhen und Verdauen ist. Nutzen Sie diesen Trick, um ganz natürlich die größten Konzentrationsphasen zu nutzen.

Zappeln ist erlaubt: Wichtige Bewegungen für die Konzentration

Ebenfalls wichtig ist, wie bereits erwähnt, ausreichende Bewegung für die Konzentration. Sie wissen selbst, dass Kinder oft schier unglaubliche Mengen an Energie in sich tragen können. Sie sind zappelig, wollen die ganze Zeit spielen, rennen und toben. Zwingen wir sie, sich längere Zeit auf einen Platz zu setzen, werden sie schnell unruhig, nervös und beginnen, auf ihrem Stuhl hin und her zu rutschen. Schlecht für die Konzentration! Und auch für die Gesundheit im Allgemeinen ist Bewegung von großer Bedeutung: Ausreichende Bewegung im Kindesalter trägt bereits einen Teil dazu bei, im Erwachsenenalter Herz-Kreislauf-Erkrankungen zu verhindern, Adipositas vorzubeugen und hat auch einen positiven Einfluss auf Knochendichte und damit deren Stabilität. Wussten Sie, dass Menschen, die im Kindesalter übergewichtig waren, auch später als Erwachsene deutlich größere Probleme beim Halten oder Abnehmen des Gewichts haben? Legen Sie also frühzeitig die richtigen Grundsteine für die Gesundheit Ihres Kindes im Erwachsenenalter.

Ganz abgesehen von den positiven Konsequenzen für die Gesundheit und die körperliche Leistungsfähigkeit des Kindes, wird auch die geistige Leistungsfähigkeit stark von ausreichender Bewegung beeinflusst. Hat es sich vorher austoben können, wird es dem Kind leichter fallen, für eine halbe Stunde beim Lernen stillzusitzen und konzentriert zu lernen. Außerdem erinnern wir uns daran, dass durch die Bewegung dem Gehirn geholfen wird, die Neurotransmitter wieder zurück in die Nervenzellen zu transportieren und so die Konzentration überhaupt erst wieder möglich wird. Sorgen Sie also dafür, dass Ihr Kind vor einer Lerneinheit die Möglichkeit hatte, sich ein wenig zu bewegen und seine motorische Energie herauszulassen. Finden Sie die Balance zwischen körperlicher und geistiger Betätigung! Und schaffen Sie bei längeren Lerneinheiten auch immer wieder einmal zwischendrin die Möglichkeit, kurz die Beine auszuschütteln, ein paar Hampelmänner zu machen oder einmal ums Haus zu rennen. Sie werden merken, dass diese kleinen Bewegungspausen einen großen Unterschied in der Konzentration machen werden und dass Ihr Kind länger konzentriert lernen kann, wenn Sie prophylaktisch Pausen einbauen.

Wann genau Pausen sinnvoll sind, wie lange sie dauern sollten und welche Aktivitäten für die Pausen sinnvoll sind, werden Sie im nächsten Kapitel erfahren, weshalb ich hier nicht näher darauf eingehen möchte. Insgesamt aber ist folgender Tipp nie falsch: Finden Sie für Ihr Kind in jedem Fall eine Sportart, die ihm Spaß macht. So können Sie sicherstellen, dass es zumindest einmal oder mehrmals in der Woche etwas mehr Bewegung bekommt als sonst. Sie werden merken, dass das Ihr Kind ausgeglichener macht und es weniger dazu neigt, Unsinn zu treiben – sowohl im Alltag als auch beim Lernen selbst.

Drei knackige Tipps – kurz und bündig

1. Sorgen Sie für eine ausgewogene Ernährung Ihres Kindes. Orientieren Sie sich hierfür an der Ernährungspyramide. Hier habe ich für Sie eine Ernährungspyramide für Kinder. Sie wird speziell für Kinder erklärt. Scannen Sie den QR-Code ein.

2. Bringen Sie Ihr Kind regelmäßig in Bewegung! Das stärkt nicht nur Kreislauf und Herz, es fördert auch die Konzentration durch den Abbau überschüssiger Energie. Sie sollten mit Ihrem Kind natürlich am besten raus in die Natur gehen, aber wenn es einmal keine Lust hat rauszugehen, habe ich hier für Sie schöne Bewegungsspiele für zu Hause. Scannen Sie den QR-Code ein.

3. Zeigen Sie Ihrem Kind den Spaß an gesundem Essen und Bewegung! So erhalten Sie längerfristig die Motivation und steigern seine Lernfähigkeit.

Strategie 2: Mach mal Pause

Erst einmal entspannen: Pausen und Regeneration sind wichtige Bestandteile der Konzentration bei Kindern. Unser Leben besteht aus Gegensätzen. Alles, was wir kennen, hat ein Gegenteil. Gäbe es keine Hitze, wüssten wir nicht, was Kälte bedeutet. Ohne die Nacht gäbe es keinen Tag. Ohne Groß kein Klein, ohne das Gute nicht das Böse. Und ohne Entspannung kein Stress. Auch in einem Lernprozess durchlaufen wir immer wieder die gleichen Phasen: Wir benötigen Zeiten, in denen wir unser Gehirn mit neuen Informationen versorgen, in denen wir Input geben, in denen wir aktiv etwas lernen. Und dann brauchen wir auch die gegenteilige Phase, in der wir uns Ruhe und Entspannung gönnen, neue Kraft tanken und unserem Gehirn die Möglichkeit geben, sich von der anstrengenden Lernphase zu erholen. Gerade Kinder benötigen viele dieser zweiten Phasen. Sie brauchen mehr Zeit, um sich zu erholen als wir Erwachsenen.

Letztlich sind die Regenerationszeiten, also die Pausen, eigentlich sogar die wichtigeren Phasen des Lernprozesses. Oft vernachlässigen wir sie und unterschätzen, welchen Effekt es haben kann, wenn wir unserem Gehirn die nötige Ruhe schenken. Gerade als Erwachsene fühlen wir uns unproduktiv und ineffizient, wenn wir nichts tun. Wir haben das Gefühl, wir wären faul und könnten unsere Zeit besser nutzen. Was wir dabei vergessen, beziehungsweise nicht beachten, ist das Folgende: Die Ruhezeiten sind Zeiten, in denen unser Gehirn das vorher Gelernte verarbeitet, unterbewusst immer wieder abspult und es so ins Mittel- und später ins Langzeitgedächtnis überführt. Erinnern Sie sich daran, was wir im Theorieteil dazu besprochen haben? Bis eine Information ins Langzeitgedächtnis aufgenommen wird und dort auf Dauer abgespeichert bleibt, müssen die zugehörigen Signale unzählige Male durch verschiedene Gehirnzentren geschickt werden. Die entsprechenden Synapsen müssen das Signal immer wieder empfangen und ihrerseits weiterleiten. Dies funktioniert aber nur, wenn wir unserem Gehirn die Zeit und den Raum dazu geben. Füttern wir es immer wieder mit neuen Informationen, haben die Nervenzellen und ihre Synapsen keine Kapazitäten, „alte“ Informationen zu verarbeiten und zu wiederholen, weil sie nur mit der Verarbeitung neuer Reize beschäftigt sind. Die alten Informationen werden dann nur ins Kurzzeitgedächtnis überführt und schnell wieder vergessen. Schließlich können sie aus Sicht des Gehirns nicht so relevant sein, wenn wir uns nicht die Zeit nehmen, sie zu wiederholen, oder?

Sowohl für Sie sind Pausen also elementar, wenn Sie etwas Neues lernen und es auch behalten möchten als auch für Ihr Kind. Für Ihr Kind ist Regeneration sogar noch elementarer, denn Kinder lernen tagtäglich deutlich mehr als wir Erwachsene. Für sie besteht im Prinzip die ganze Welt aus Rätseln und neuen Reizen, die sie verarbeiten und einsortieren müssen. Das ist auch einer der Gründe, warum Kinder deutlich mehr schlafen als wir Erwachsenen: Ihr Körper und ihr Gehirn fordern Ruhe ein, um von der täglichen Flut an Informationen und neu Erlerntem nicht erschlagen zu werden. Erinnern Sie sich außerdem an die Konzentrationsspanne von Kindern: Im Alter von fünf bis sieben Jahren können Kinder sich gerade mal eine viertel Stunde lang auf eine gestellte Aufgabe fokussieren, bis ihnen die Botenstoffe im Gehirn ausgehen und die Aufmerksamkeit rapide sinkt. Das ist der Moment, in dem viele Kinder anfangen, auf ihrem Stuhl herumzurutschen, mit den Füßen zu zappeln und in die Luft zu starren. Das Gehirn signalisiert dem Körper, dass es eine Auszeit braucht. Und was sagen wir Erwachsene dann gerne: „Ach, nur noch zehn Minuten, das schaffst du noch!" Muss das Kind sich dann noch besagte weitere zehn Minuten konzentrieren, ist die gesamte Lernzeit schon fast doppelt so lang wie die physiologische Konzentrationsspanne eines Kindes in diesem Alter. Können Sie sich vorstellen, wie frustrierend das für ein Kind sein kann, wenn immer wieder über die Erschöpfungsschwelle hinaus Konzentration eingefordert wird?

Was ich damit verdeutlichen möchte, ist Folgendes: Sie müssen erstens die Maßstäbe für Ihr Kind im Grundschulalter anders setzen als für sich selbst oder ein älteres Geschwisterkind und sollten zweitens Pausen immer als einen obligatorischen Bestandteil einer Lerneinheit sehen. Werden Pausen richtig eingesetzt, fördern sie einerseits die Konzentrationsfähigkeit und sind andererseits gut für die Motivation. Wie finden Sie heraus, wann Ihr Kind eine Pause braucht? Wie können Sie Pausen sinnvoll planen? Und am wichtigsten: Wie können Sie die Pausen gestalten, um dem Lern- und dem Konzentrationserfolg zuträglich zu sein? Die wichtigste Regel ist: Lassen Sie Ihr Kind eine Pause machen, *bevor* es müde wird! Planen Sie Pausen so, dass Ihr Kind zu Beginn der Auszeit noch nicht seine gesamte Konzentration aufgebraucht hat. Hören Sie auf, wenn es am schönsten ist!

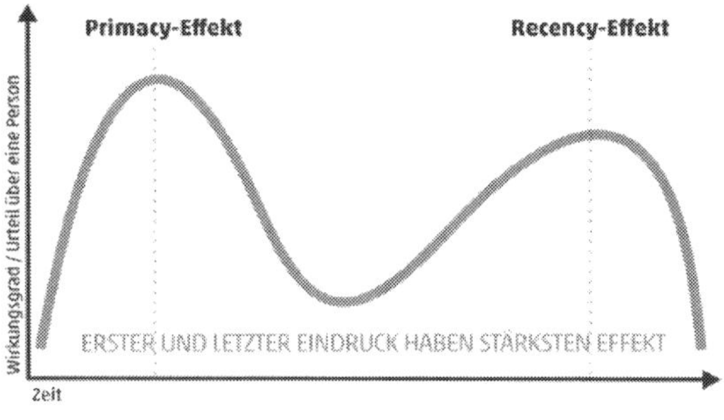

Damit meine ich nicht, dass Sie Ihrem Kind (überspitzt gesagt) das Aufgabenheft entreißen sollen, wenn es ihm gerade Spaß macht, die Aufgaben zu lösen. Wenn Sie es aber schaffen, die Pause zu einem Zeitpunkt einzuflechten, an dem sie sich natürlich anfühlt und an dem die Motivation noch nicht gesunken ist, ist das perfekt! Eine Lerneinheit sollte mit einem Erfolgserlebnis enden. In der Psychologie gibt es einen Effekt, der sich Primacy-Recency-Effekt nennt. Seine Gültigkeit wurde bereits in verschiedensten

Studien bewiesen. Dieser Effekt beschreibt grundlegend, zu welcher Zeit einer Lerneinheit Informationen am besten gespeichert werden und entsprechend später am besten erinnerlich sind. Bei diesen Studien beobachteten die Psychologen, dass die zu Anfang und zum Ende einer Lerneinheit aufgenommenen Inhalte später am besten von den Probanden wiedergegeben werden konnten. Vereinfacht ausgedrückt: Was wir zuallererst oder zuletzt lernen, können wir uns am besten merken. Dabei geht es aber nicht nur um Fakten oder informative Inhalte. Auch emotionale Inhalte werden zu diesem Zeitpunkt verstärkt verinnerlicht. Beendet Ihr Kind eine Lerneinheit also mit einem schlechten Gefühl, weil es die letzte Aufgabe nicht lösen konnte, weil es etwas nicht verstanden hat oder einfach, weil seine Konzentration nachgelassen hat, wird es sich beim nächsten Mal daran erinnern. Es konnotiert das Lernen mit etwas Negativem, weil diese Emotion von der vorangegangenen Lerneinheit am deutlichsten hängengeblieben ist.

Dies hat einen enormen Einfluss auf die Motivation und wird bewirken, dass Ihr Kind beim nächsten Mal keine Lust mehr zum Lernen haben wird. Entsprechend schwierig wir es sein, Ihr Kind überhaupt zum Anfangen zu motivieren. Das können Sie vermeiden, indem Sie genügend Pausen planen und diese an die richtigen Stellen legen! Wie gesagt: Machen Sie eine Pause mit Ihrem Kind, bevor seine Konzentration nachlässt – am besten, wenn es gerade ein positives Lernerlebnis hatte.

Sinnvolles Gestalten von Lerneinheiten und Pausenplanung

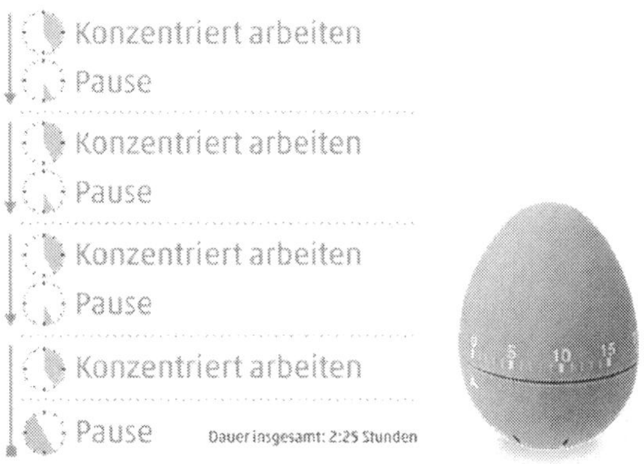

Wie planen Sie nun am besten die Lerneinheiten und wie integrieren Sie Pausen am geschicktesten? Der Fakt, dass der Mensch in den ersten zwanzig bis dreißig Minuten einer Lerneinheit am konzentriertesten arbeiten kann, gilt in der Neurowissenschaft und in der Lernpädagogik als allgemein anerkannt. Welche neurowissenschaftlichen Hintergründe dies stützen, haben wir bereits im Theorieteil ausführlich besprochen. Setzt man sich nun etwas tiefergehend mit verschiedenen Lernmethoden und der Rolle auseinander, die Pausen dabei spielen, trifft man schnell auf Modelle, die diese Zeitspanne immer wieder aufgreifen und integrieren. Eine (oder wohl die bekannteste) Methode dabei ist die sogenannte Pomodoro-Technik. Der Erfinder dieser Methode war zwar kein Lernpädagoge oder Wissenschaftler, sondern ein Student, aber das Prinzip wurde später in der Lernpädagogik immer wieder aufgegriffen, verfeinert und genutzt. Besagter Student, Francesco Cirillo, beobachtete bei sich selbst immer wieder, dass er nach einer gewissen Zeitspanne des Lernens schnell abgelenkt wurde und sich nicht mehr gut auf seinen Lernstoff fokussieren konnte. Deshalb fasste er den Vorsatz, seine Lerneinheiten in jeweils 25-minütige Lernphasen aufzuteilen und anschließende mehr oder weniger lange Pausen. Er stellte fest, dass 25 Minuten kurz genug sind, um durchweg konzentriert zu bleiben, aber lang genug, um in seinem Lernstoff ein gutes Stück weiterzukommen. Da es damals in den achtziger Jahren noch keine Smartphones gab, stoppte er die Zeit mit einem tomatenförmigen Küchenwecker – und gab so der Pomodoro-Methode ihren außergewöhnlichen Namen.

Diese Methode kann Ihnen als eine gute Orientierung dienen, wenn Sie mit Ihrem Kind seine Lerneinheiten und die Pausen dazwischen planen möchten. Vergessen Sie aber Folgendes nicht: Die Pomodoro-Methode wurde von einem Erwachsenen entwickelt. Und vielleicht ist Ihr Kind erst sieben oder acht Jahre alt, hat also noch eine geringere Konzentrationsspanne. In diesem Fall können Sie sich wieder an der durchschnittlichen Konzentrationsspanne eines Kindes im entsprechenden Alter orientieren. Passen Sie die Zeiten so an, dass es etwa zum Alter Ihres Kindes und seinen Möglichkeiten passt.

Für ein Kind im Alter von acht Jahren könnte die grobe Zeitplanung also nach der modifizierten Pomodoro-Methode folgendermaßen aussehen: Hat Ihr Kind Hausaufgaben zu erledigen, die geschätzt etwa eine Stunde Lernzeit in Anspruch nehmen, teilen Sie diese Aufgaben in Happen von etwa zwanzig Minuten ein. Dies entspricht laut unserer Tabelle aus dem Theorieteil etwa der Konzentrationsspanne eines Kindes dieses Alters. Die Aufgaben sind nun also auf drei Lerneinheiten aufgeteilt. Beginnen Sie mit Ihrem Kind mit der ersten dieser 20-minütigen

Einheiten. Stellen Sie dafür einen Wecker und besprechen Sie mit Ihrem Kind vorher, dass Sie sich diese begrenzte Zeitspanne setzen, in der konzentriert durchgearbeitet werden soll. Klingelt nach diesen zwanzig Minuten der Wecker, folgen fünf bis zehn Minuten Pause. Auch sollte mit Ihrem Kind vorher besprochen werden, dass die Pause ebenfalls begrenzt ist, und es danach mit den nächsten zwanzig Minuten Lernen weitergeht. Wiederholen Sie das gleiche Prozedere nach der zweiten Lerneinheit und so weiter, bis die Aufgaben erledigt sind. Sie werden merken, dass die begrenzten Zeiteinheiten fürs Lernen und die regelmäßigen planbaren Pausen Ihr Kind auf lange Sicht deutlich effizienter arbeiten lassen und seine Motivation höher sein wird, sich nach einer Pause noch einmal hinzusetzen. Gehen wir nun davon aus, dass Ihr Kind vielleicht eine längere Aufgabe zu erledigen hat. Verlängern Sie auf keinen Fall die Lerneinheiten selbst! Es ist wichtig, dass diese immer innerhalb des konzentrationsfähigen Rahmens Ihres Kindes bleiben. Achten Sie darauf, spätestens nach drei Lerneinheiten eine längere Pause einzulegen. Diese sollte dann nicht mehr nur fünf oder zehn Minuten dauern, sondern etwa zwanzig Minuten. So hat Ihr Kind Zeit, sich in dieser längeren Pause etwas besser zu erholen und zu entspannen und wird danach wieder frischer an die gestellten Aufgaben herangehen können.

Pausenzeiten sinnvoll nutzen

Nun wissen Sie, wie Sie Pausen sinnvoll planen können. Jetzt bleibt noch die spannende Frage: Was können Sie in den Pausen mit Ihrem Kind machen, um seine Erholung optimal zu unterstützen und ihm zu helfen, die nötige Konzentration wiederaufzubauen? Wie wir bereits gelernt haben, ist das Problem bei abfallender Konzentration, dass die Neurotransmitter (also die Botenstoffe innerhalb der Synapsen des Gehirns) aufgebraucht sind und das Gehirn dadurch nicht mehr in der Lage ist, neue Informationen zu verarbeiten. Um wieder Konzentration zu schöpfen, müssen diese Botenstoffe „recycelt" werden, also zurück in die Nervenzellen gelangen. Dort können sie dann wieder zur Verfügung gestellt werden, um neue Signale weiterleiten zu können. Die Frage ist also: Gibt es eine Übung, die diesen Prozess beschleunigt? Können wir etwas tun, damit die Neurotransmitter schneller wieder an ihren Wirkungsort zurückgelangen? Die Antwort lautet: Ja, das können wir!

Die Antwort lautet: Bewegung

Ständige körperliche Aktivität ist tatsächlich einer der Faktoren, die dafür verantwortlich gemacht werden, dass Kinder im Alter von zwei bis zehn Jahren so enorm schnell und viel lernen können. Die Mechanismen innerhalb des Körpers sind zwar von der Wissenschaft noch nicht abschließend erklärt worden, aber sicher ist, dass Bewegung das Gehirn im Lernprozess unterstützt. Sei es Spazierengehen, Rennen, Fahrradfahren oder Hampelmänner – durch die Bewegung wird auch unser Gehirn stimuliert oder umgangssprachlich in Bewegung gebracht, was die biochemischen Prozesse in den Nervenzellen beschleunigt und erleichtert. Deshalb: Bewegen Sie sich gemeinsam mit Ihrem Kind innerhalb der Lernpausen! Geeignet ist alles, was Ihrem Kind Freude bereitet. Welche körperliche Betätigung macht Ihrem Kind Spaß und ist innerhalb von fünf bis zehn Minuten gut ausführbar? Machen Sie ein Wettrennen. Springen Sie gemeinsam eine Runde Trampolin oder hüpfen Sie gemeinsam Seil. Lassen Sie den Hula-Hoop-Reifen kreisen. Lernen Sie ein Klatschspiel, das Sie gemeinsam machen können. Oder singen Sie ein Lied, das Ihr Kind gerne mag, und tanzen Sie dazu!

Letztlich ist nicht entscheidend, welche Art von Bewegung Sie wählen. Wichtig ist nur, dass es eine Beschäftigung ist, in die Ihr Kind sich nicht zu sehr hineinvertiefen kann, so dass es sich nicht mehr von ihr losreißen kann. Und es ist wichtig, dass es keine Beschäftigung ist, die neuen Input gibt! Häufig werden Fernsehen oder ein Spiel auf einem unterhaltungselektronischen Gerät zwar vom Kind selbst als Entspannung empfunden, für die Konzentration sind diese Beschäftigungen aber absolut kontraproduktiv. Gerade elektronische Geräte setzen immer neue Reize, die das Gehirn verarbeiten muss, geben neue Informationen, die das Kind ablenken und in den Bann ziehen. Dieser Input zieht noch mehr Botenstoffe aus den Nervenzellen heraus und macht das Kind im Anschluss noch unkonzentrierter. Abgesehen davon läuft Ihr Kind immer wieder Gefahr, sich schon innerhalb weniger Minuten vollständig in das Spiel oder die Fernsehsendung zu vertiefen. Wir alle kennen die nahezu hypnotische Wirkung, die ein bewegtes Bild auf einem Display auf uns haben kann, oder? Lassen Sie diese Versuchung gar nicht erst entstehen und bringen Sie in den Pausen lieber gemeinsam den Kreislauf etwas in Schwung, damit Sie sich danach erfrischt und ausgetobt an die Aufgaben zurücksetzen können!

Drei knackige Tipps – kurz und bündig

1. Machen Sie und Ihr Kind Pausen, *bevor* es müde wird! So vermeiden Sie Motivationslöcher nach der Pause.
2. Arbeiten Sie nach der (modifizierten) Pomodoro-Technik!
3. In den Pausen lautet die Devise: Bewegen, bewegen, bewegen!

Strategie 3: Umfeld optimieren und Ablenkungen minimieren

„Oh, was ist das denn?"

Ein großes Problem, wenn es um die Konzentrationsfähigkeit von Kindern geht, ist das Thema Ablenkungen. Kinder sind schlecht darin, ihre Aufmerksamkeit gezielt zu lenken. Das hat unterschiedliche Gründe, liegt aber hauptsächlich daran, dass die ganze Welt für sie aus Rätseln und Abenteuern besteht, die nur darauf warten, entdeckt und entschlüsselt zu werden. Kinder brauchen diese Neugierde und diese geringe Ablenkungsschwelle. Würden ihnen neue Reize nicht auffallen, würden sie sie nicht wahrnehmen und dementsprechend auch nichts dazulernen.

Außerdem ist es schwer für sie, ihre Aufmerksamkeit wieder einem „alten", bereits bekannten Reiz zuzuwenden, wenn sie einen neuen entdeckt haben. Wenn man es so will, sind sie noch nicht bewusst genug, um zu erkennen, dass sie sich in diesem Moment ablenken lassen. Sie merken nicht einmal, dass sie vom Thema abschweifen – und wie sollen sie dann darauf zurückkommen? Ihre Prioritäten liegen anders und sie verstehen vielleicht noch gar nicht den Sinn, warum sie etwas lernen sollen, das ein Erwachsener ihnen vorgibt, wenn andere Dinge sie viel mehr interessieren. Eine wichtige Stellschraube hierbei ist, die richtige Motivation zu setzen und das Kind dazu zu bringen, die gestellten Aufgaben, interessant zu finden. Was Sie dafür tun können, werden wir im folgenden Kapitel noch besprechen. In diesem soll der Schwerpunkt erst einmal darauf liegen, wie Sie Ihr Kind durch das richtige Umfeld unterstützen und seine Konzentration und seine Aufmerksamkeit lenken können, um Ablenkungen gar nicht erst entstehen zu lassen.

Der richtige Ort des Geschehens

Alles Mögliche kann Ihr Kind ablenken (oder auch Sie, das kennen Sie sicher selbst). Manchmal wissen wir gar nicht, warum wir von etwas abgelenkt werden, aber trotzdem zieht diese Sache mit unerbittlicher Wirksamkeit unsere Aufmerksamkeit auf sich. Eine Ablenkung ist in diesem Sinne ein Reiz, der unsere Aufmerksamkeit fordert und unseren Fokus von der Aufgabe wegnimmt, die in diesem Augenblick mit Priorität zu bewerkstelligen wäre. Dies hat aus Sicht der Evolution einen wichtigen Nutzen. Erinnern Sie sich an die Erklärungen im theoretischen Teil zur Unterscheidung von Wahrnehmung, Aufmerksamkeit und Konzentration? Das Modell dazu postuliert, dass ein Teil unserer Wahrnehmung dauerhaft nach außen gerichtet ist. Dieser Teil nennt sich Vigilanz und war früher vonnöten, um auch wachsam gegenüber Gefahren zu sein, während man eine konzentrationsfordernde Aufgabe erfüllte. Heutzutage sind wir zwar meist vor heranschleichenden Tigern sicher, unser Gehirn trägt diesen Schutzmechanismus aber immer noch in sich. Konzentrieren wir uns auf eine Aufgabe, ist ein Teil unseres Unterbewusstseins immer noch damit beschäftigt, nach Reizen Ausschau zu halten, die uns vor einer potenziellen Gefahr warnen könnten. Als Erwachsene können wir äußere Reize meist besser einordnen, da sie uns schon bekannt sind und deshalb auch besser ausblenden. Kinder hingegen werden von unerwarteten Reizen schneller aus ihrer Konzentration geholt und so abgelenkt.

Die einzig logische Schlussfolgerung daraus ist also die Notwendigkeit der Minimierung von äußeren Reizen, wenn wir möchten, dass unser Kind sich gut konzentrieren kann. Und dafür muss das Arbeits- oder Lernumfeld stimmen. Was also können wir an der Umgebung ändern, um es unserem Kind so einfach wie möglich zu machen? Der erste Schritt kann darin liegen, herauszufinden, welche Reize Ihr Kind besonders ablenken. Wie jeder Mensch ist auch Ihr Kind, ganz gleich wie jung es auch sein mag, ein Individuum, das ganz eigene Besonderheiten mitbringt. Und entsprechend hat auch Ihr Kind, wie jeder Mensch, ganz eigene Reize, auf die es besonders stark reagiert. Manche Menschen sind besonders sensibel auf akustische Reize und werden durch Töne, Musik oder Hintergrundgeräusche abgelenkt. Andere reagieren besonders auf optische Reize, nehmen also jeden vorbeifliegenden Vogel und jedes Flackern der Deckenlampe als störend wahr. Haptische Typen werden vielleicht fasziniert von der Tischplatte aus Holz, weil deren Relief sich so interessant anfühlt.

Finden Sie heraus, welche Reize Ihr Kind besonders ablenken! Dafür lohnt es sich, Ihr Kind einfach genau zu beobachten.

Häufig sieht man schon nach wenigen Minuten aufmerksamen Betrachtens, welchen Reizen ein Mensch seine Wahrnehmung besonders zuwendet. Fragen Sie Ihr Kind in den Momenten, in denen es abgelenkt erscheint, was seine Aufmerksamkeit gerade auf sich zieht und warum. Sie werden schnell feststellen, welchem Typ Ihr Kind angehört und welche Reize es ansprechen. Und dann können Sie gezielt beginnen, diese Reize auszuschalten.

Zeigt sich Ihr Kind beispielsweise immer wieder fasziniert von Situationen, die außerhalb des Fensters geschehen, versuchen Sie, es mit dem Rücken zum Fenster zu platzieren. So liegt diese Reizquelle außerhalb seines Vigilanzbereiches, also außerhalb dessen, was es optisch unterbewusst die ganze Zeit wahrnimmt. Ist das nicht möglich, ziehen Sie während der zwanzig Minuten Lernzeit die Gardinen zu und öffnen Sie diese nur in den Pausenzeiten. Sind eher die akustischen Reize das Problem, können Kopfhörer mit weißem Rauschen (also monotonen Hintergrundgeräuschen ohne Ablenkungspotential) oder Ohrstöpsel Abhilfe schaffen. Vermeiden Sie beim haptischen Typ „aufregende" Unterlagen oder dergleichen. Oft bewirken solch kleine Tricks schon wahre Wunder, wenn es darum geht, die Aufmerksamkeit auf die wesentlichen Aufgaben zu lenken. Werden Sie kreativ! Beobachten Sie immer wieder, welche neuen, ablenkenden Reize auftauchen und worauf Ihr Kind weniger reagiert und finden Sie individuelle Lösungen. Sie selbst kennen Ihr Kind am besten und auch das Umfeld, in dem Sie sich bewegen, und können einschätzen, was umsetzbar ist und wie. Allgemeingültig ist aber in jedem Fall folgender Tipp: Trennen Sie Spielbereich und Lernbereich voneinander!

Oft ist das Kinderzimmer der denkbar schlechteste Ort, um konzentriert zu lernen. Das Problem hierbei ist einerseits, dass Kinderzimmer häufig wenig ordentlich sind und viele Spielsachen, Bücher und andere Gegenstände herumliegen, die durch ihre bunten Farben und die dadurch geweckten Emotionen die stärksten Ablenkungen sind. Abgesehen davon ist das Gehirn stark an Gewohnheiten gebunden. Das Kinderzimmer wird vom Unterbewusstsein mit Spielen, Schlafen, Malen, Lesen und mit Freunden und Geschwistern verbunden. All diese Erlebnisse wecken viele positive Emotionen, Freude, Aufregung und vor allem Erinnerungen. Daher fällt es dem Kind verständlicherweise sehr schwer, sich auf das Lernen zu konzentrieren – egal, wie gut Sie die Spielsachen vorher auch in Kisten und Schränken verstauen. Das Gehirn verknüpft diesen Ort nicht mit Lernen und Arbeiten.

Schaffen Sie einen Ort, an dem das Gehirn sich aufs Lernen „programmieren“ kann. Finden Sie einen Platz in der Wohnung, an dem von nun an nicht mehr gespielt wird. Räumen Sie hier alle Spielzeuge und Dinge weg, die vom Kind mit Spielen verknüpft werden oder auf sonst eine Art und Weise eine Ablenkung darstellen könnten. Haben Sie einen solchen Ort gefunden, wird das Gehirn Ihres Kindes nach einiger Zeit ganz automatisch auf Lernzeit umschalten, sobald es sich an diesem Ort befindet. Die Wahl dieses Ortes ist wieder eine Frage der Individualität, weshalb hier einiges an Kreativität und auch an Mut zum Ausprobieren gefragt ist. Niemand wird Ihnen beantworten können, an welchem Ort Ihr Kind am besten lernen und sich konzentrieren kann. Fragen Sie Ihr Kind! Welchen Ort würde es sich selbst aussuchen? Wo denkt es, sich gut konzentrieren zu können?

Manche Kinder lernen gerne im Sitzen am Küchentisch, während die Eltern beispielsweise den Abwasch nach dem Mittagessen erledigen. Probieren Sie aus, wie das funktioniert. Der Küchentisch bringt sogar mehrere Vorteile mit sich: Sie sind im selben Raum, in dem Ihr Kind seine Hausaufgaben erledigt. Hat es Fragen, muss es nicht erst aufstehen und den Ort wechseln und sich so unnötigen Ablenkungen aussetzen, sondern Sie sind direkt zur Stelle, um zu helfen. Außerdem haben Sie Ihr Kind im Auge und sehen, wenn es an seinem Platz durch etwas abgelenkt wird. So können Sie schnell eingreifen, bevor es zu weit abschweift und den Fokus nicht mehr zurückbringen kann. Und die Geräusche, die Sie während der Hausarbeit machen, ersetzen auf ganz natürliche Weise das bereits beschriebene weiße Rauschen. Klar, es gibt auch Kinder, die von diesen Geräuschen abgelenkt werden, aber häufig ist ein gemäßigter Geräuschpegel im Hintergrund sogar förderlich für die Konzentration, weil so leise Geräusche ausgeblendet und überdeckt werden. Irgendwie verständlich, dass in einem vollkommen stillen Raum das Glucksen der Heizung bereits als Ablenkung genügt, oder?

Vielleicht schlägt Ihr Kind aber auch den Wohnzimmerfußboden als Lernort vor. Auch das ist in Ordnung und lohnt einen Testversuch! Es gibt Menschen, besonders Kinder, die im Liegen am fokussiertesten sind. Manchmal nehmen sie dabei die verrücktesten Positionen ein. Aber solange Sie den Eindruck haben, dass Ihr Kind einigermaßen bei der Sache bleibt, ist das völlig in Ordnung! Moderate Bewegung kann sogar förderlich für den Lernprozess sein. Insgesamt ist ein guter Tipp das gemeinsame Arbeiten. Damit ist nicht zwangsweise gemeint, dass Sie zusammen mit Ihrem Kind die Aufgaben erledigen. Eher fördert paralleles Arbeiten und Lernen die Konzentration. Probieren Sie also ruhig auch einmal das aus: Platzieren Sie Ihr Kind neben sich in Ihrem Arbeitszimmer oder Büro und erledigen Sie Papierkram, während Ihr Kind seine Aufgaben bearbeitet. Sehen wir jemanden neben uns konzentriert arbeiten, fördert das auch unsere eigene Konzentrationsfähigkeit. Das Gleiche gilt für Geschwister: Nehmen Sie nicht von vorneherein an, dass Ihre Kinder sich gegenseitig ablenken würden, wenn sie am selben Tisch arbeiten. Sorgen Sie stattdessen dafür, dass jeder genügend Platz hat und nicht von den Aufgaben des anderen eingenommen wird und lassen Sie sie gemeinsam die Hausaufgaben erledigen. Vielleicht bringen sie sich gegenseitig dazu, den Fokus zu behalten! Wenn nicht, können Sie das Ganze immer noch wieder auflösen.

Trotz aller Flexibilität bei der Wahl des Lernortes sollten Sie gewisse Gegebenheiten aber nicht außer Acht lassen, um die Konzentration optimal zu fördern. Wie bereits besprochen, ist es wichtig, alle Spielsachen und ablenkenden Gegenstände zu entfernen und so ein möglichst reizfreies Umfeld zu generieren. Einen weiteren Trick gibt es aber noch, der Ihnen helfen kann, Ihr Kind richtig zu platzieren, auch wenn es Gegebenheiten gibt, die Sie nicht verändern können.

Das dominante Auge

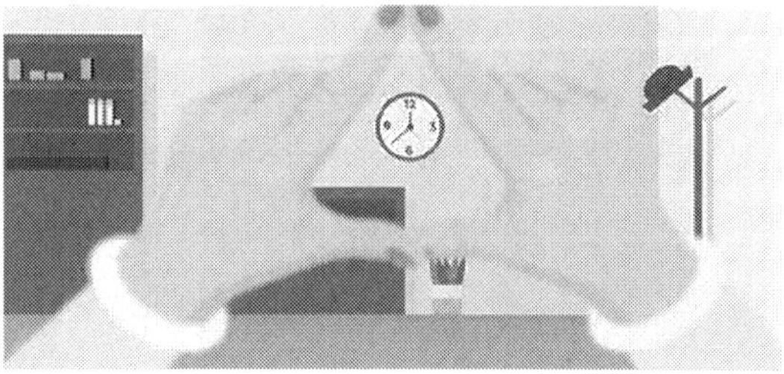

Unveränderliche Gegebenheiten, das können verschiedene Dinge sein: Sie können nicht jedes Mal die Möbel verrücken, wenn Ihr Kind seine Hausaufgaben machen soll. Das Fenster können Sie auch nicht versetzen. Und Sie können auch nicht alle Dinge im Regal mit einem Tuch abdecken, damit diese Ihr Kind nicht ablenken. Um diese Reize aber trotzdem effektiv ausschalten zu können, hilft folgender kleiner Trick: Finden Sie das dominante Auge Ihres Kindes und „schalten" Sie dieses „aus". Jeder Mensch auf dieser Welt hat ein dominanteres Auge und ein weniger dominantes Auge. Das ist vollkommen natürlich und hängt von verschiedenen Faktoren in der Gehirnentwicklung ab. Beim Durchschnittsmenschen sehen formal gesehen in der Regel beide Augen gleich gut. Je nach Reizen, die in der Säuglingszeit und in der Kindheit gesetzt werden, wird aber später eine Gehirnhälfte aktiver sein als die andere. Da das Sehzentrum aber auf beide Gehirnhälften verteilt ist, wird dementsprechend eine der beiden Hälften auch aktiver sein als die andere. Und der Teil des Gesichtsfeldes, der der aktiven Gehirnhälfte zugeordnet ist, wird später dem dominanten Auge entsprechen (zumindest vereinfacht ausgedrückt).

Das Problem mit dem dominanten Auge, wenn es um die Konzentration geht, ist, dass dieses Auge auch in der Vigilanz, also der ungerichteten Aufmerksamkeit, stärker aktiv ist als das nichtdominante Auge und deshalb äußere Reize verstärkt wahrnimmt. Nehmen wir also an, bei Ihrem Kind sei das rechte Auge das dominantere. Setzen Sie Ihr Kind nun so hin, dass beispielsweise das Fenster auf seiner rechten Seite liegt, wird es mit seinem dominanten Auge alle Reize wahrnehmen, die sich davor abspielen und darauf auch reagieren. Läge das Fenster hingegen auf der linken Seite, würde das linke, nichtdominante Auge die Reize weniger gezielt wahrnehmen und als weniger störend empfinden, da die zugehörige Gehirnhälfte auch weniger aktiv ist. In diesem Fall wäre das Ziel bei der Sitzplatzwahl, die Reize im rechten Gesichtsfeld möglichst gering zu halten und so die Ablenkungen zu minimieren, die auf das rechte, dominante Auge einwirken könnten. Platzieren Sie das Kind also mit dem Fenster zur linken Seite, wenn möglich, und räumen Sie besonders rechtsseitig alle Ablenkungen zur Seite. Soweit logisch, oder?

Da bleibt nur noch die Frage, wie Sie herausfinden können, welches das dominante Auge Ihres Kindes ist. Auch hierfür gibt es einen einfachen Trick: Stellen Sie sich Ihrem Kind gegenüber hin, lassen Sie Ihr Kind die Hände heben und mit den Fingern einen Kreis oder ein Dreieck bilden (sehen Sie sich dafür die Abbildung an). Nun soll Ihr Kind Sie durch die Finger hindurch mit beiden Augen fixieren und anschließend langsam die Hände in gleichbleibender Stellung auf sein Gesicht zubewegen. Sie werden feststellen, dass die Finger, wenn Sie das Gesicht berühren, nur ein Auge einrahmen und das zweite verdecken werden. Das Auge, das Sie dann noch sehen, ist das dominante Auge Ihres Kindes. Und dann wissen Sie ja, was zu tun ist! Nutzen Sie das

Wissen um das dominante Auge, um das Gehirn Ihres Kindes „auszutricksen“.

Mir ist bewusst, dass nicht alle Tricks in diesem Kapitel ganz einfach umzusetzen sind, weil manchmal äußere Begebenheiten nicht passen und auch nicht passend gemacht werden können. Deshalb fordere ich Sie hier noch einmal auf: Werden Sie kreativ und machen Sie das Beste aus dem, was Sie zur Verfügung haben! Ich bin sicher, Sie finden Lösungen – Sie gemeinsam mit Ihrem Kind.

Drei knackige Tipps – kurz und bündig

1. Suchen Sie die ablenkenden Reize und eliminieren Sie diese, soweit möglich.

2. Lassen Sie Ihr Kind mitentscheiden, was sein Lernplatz werden soll! Oft wissen Kinder selbst sehr gut, wo sie sich gut konzentrieren können. Um eine Vorstellung davon zu bekommen, wie Sie einen optimalen Lernplatz für Kinder einrichten können, schauen Sie sich dieses Video an. Scannen Sie den QR-Code ein.

3. Nutzen Sie die Macht des dominanten Auges.

Strategie 4: Motivation und Belohnungen

Die Motivation als Motor der Konzentration

„Ich habe keinen Bock"

Jeder Mensch hat etwas, das ihn antreibt. Wir brauchen ihn, diesen Ansporn, diesen Funken, den Grund, aus dem wir etwas tun. Wir alle brauchen ein Ziel, auf das wir hinarbeiten. Gerade Kinder benötigen diesen Grund ganz besonders. Für sie gelten logische Argumentationen noch nicht so, wie sie das für uns Erwachsene tun. Sie verstehen solche Schlussfolgerungen nicht, weil sie noch nicht so weit in die Zukunft sehen können. Niemand sonst lebt so sehr im Moment wie ein Kind. Zwar haben Kinder oft eine blühende Fantasie, eine, die sogar um einiges ausgeprägter ist als die von Erwachsenen, aber es fehlen ihnen die kognitiven Fähigkeiten, um die einzelnen Schritte zu sehen, die sie zum Erreichen ihres Traumes bringen würden.

Vielleicht träumt Ihr Kind davon, eines Tages Tierarzt zu werden. Es spielt diese Fantasie jeden Tag mit seinen Kuscheltieren nach – es untersucht sie, klebt ihnen Pflaster auf imaginäre Wunden und schneidet vielleicht sogar das eine oder andere während einer „Operation" auf. Wenn Sie Ihr Kind nach seinem Berufswunsch als Erwachsener fragen, ist die einzige Antwort „Tierarzt". Darunter kann es sich etwas vorstellen, weil es vielleicht schon bei einem Besuch mit dem eigenen Haustier gesehen hat, wie es in einer Tierarztpraxis abläuft. Aber versuchen Sie Ihrem Kind einmal zu erklären, dass es dafür zuerst lernen muss, gute Noten schreiben, dann das Abitur machen und danach mehrere Jahre studieren muss. Es wird nicht verstehen, wozu diese Schritte gut sein sollen. Kinder kennen sich in der Welt der Erwachsenen nicht aus! Für sie sind Begriffe wie Abitur oder Studium fremd, es sind bloß Worthülsen, die für sie keine Bedeutung haben. Wenn Sie also versuchen, Ihr Kind damit zum konzentrierten Lernen zu motivieren, indem sie ihm erklären, dass es nur so irgendwann einmal Tierarzt werden kann, wird das kaum funktionieren. Es kann die Verbindung gar nicht herstellen zwischen dem, was es jetzt tut und dem für sich in ferner Zukunft liegenden Ereignis der Berufswahl. Sie müssen also einen anderen Weg finden, um Ihr Kind zum Lernen zu motivieren. Sie müssen etwas finden, das Ihr Kind jetzt in diesem Moment antreibt.

Kinder (je kleiner, desto mehr) können nur wenige Stunden bis maximal Tage in die Zukunft planen. Alles, was weiter in der Zukunft liegt, ist für sie nicht mehr greifbar, denn die Zeit verschwimmt für sie und wird zu etwas Unwirklichem, das sie nicht verstehen. Wenn Sie eine funktionierende Motivation zum Lernen schaffen wollen, die dazu führt, dass Ihr Kind konzentriert und fokussiert arbeitet, muss diese innerhalb des für das Kind greifbaren Zeitraumes liegen. Was meinen wir aber genau, wenn wir von einer Motivation sprechen? Laut Definition ist eine Motivation die Gesamtheit aller Beweggründe, die einen Menschen zu einer bestimmten Handlung veranlassen. Häufig nutzen wir den Begriff Motivation in dem Zusammenhang, dass wir keine Lust zu etwas haben. Wenn wir etwas absolut nicht tun wollen, uns nicht aufraffen können, sagen wir schnell etwas wie: „Dazu habe ich grade so gar keine Motivation!“ Für mich und in diesem Kontext, in dem wir uns jetzt bewegen werden, ist eine Motivation aber eher das übergeordnete Ziel. Es ist der Grund, der uns dazu bringt, etwas zu tun – oder in diesem Fall Ihr Kind zum konzentrierten Lernen animiert.

Dabei kann das Ziel jede mögliche Gestalt haben, sie ist aber immer etwas, das wir als ein Erfolgserlebnis wahrnehmen. Es ist etwas, das wir unbedingt haben bzw. erreichen wollen, etwas, von dem wir glauben, dass es uns einen Vorteil verschafft. Betrachtet man die Evolutionsgeschichte, war es von jeher an lebensnotwendig, sich bestimmte Ziele zu setzen und konzentriert auf diese hinzuarbeiten. Früher waren nur die Ziele, also die Motivationen, andere als heute: Damals ging es hauptsächlich darum, genügend Nahrung für sich und die eigenen Nachkommen zu finden, sich fortzupflanzen und die Nachkommen vor externen Gefahren wie hungrigen Tieren zu schützen. Je konzentrierter man auf diese Ziele hinarbeitete, desto erfolgreicher war man in seinem Handeln und desto besser überlebte man selbst und die Nachkommen. Heute geht es nicht mehr darum, in der Wildnis zu überleben, aber dadurch wurden diese Basisbedürfnisse und -ziele abgelöst durch immer abstraktere. Wir suchen nach Anerkennung, nach Liebe, nach Erfolg, nach unseren Leidenschaften. Das bedeutet aber nicht, dass diese Motivationen weniger stark sind – im Gegenteil! Sie können genauso fordernd sein wie der Wunsch nach dem Überleben der eigenen Kinder.

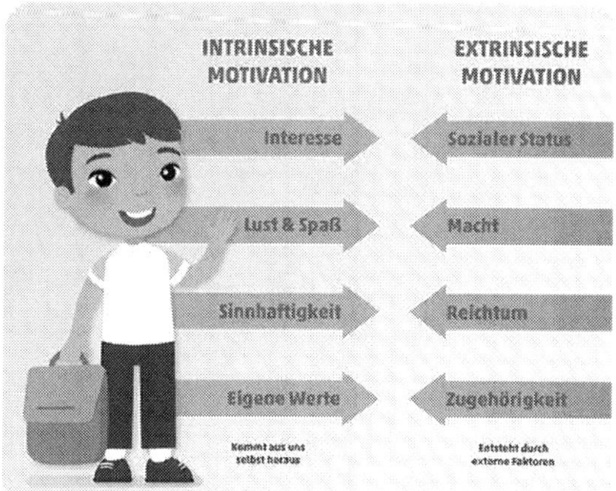

Am besten und am zuträglichsten für ein konzentriertes Lernverhalten sind in jedem Fall intrinsische Motivationen. Eine intrinsische Motivation ist ein Ziel, das von innen herauskommt, also ein Wunsch, der in uns verankert ist, der in der Tiefe unseres Herzens steckt. Er entspricht stark unseren inneren Werten, unseren Überzeugungen, wurzelt in unseren Leidenschaften und unseren persönlichsten Wünschen. Dementsprechend sind intrinsische Motivationen auch die stärksten, die wir haben können. Schaffen Sie es also, in Ihrem Kind einen intrinsischen Wunsch zu wecken, etwas zu erlernen, haben Sie praktisch schon gewonnen. Dann müssen Sie nicht mehr immer wieder von außen hinterher sein, dass Ihr Kind die zugehörigen Aufgaben erledigt – es wird sie ganz von allein angehen. Die erreichen Sie, wenn Sie Ihrem Kind den Sinn verständlich machen können, der sich hinter dem Lernen und der damit verbundenen Anstrengung versteckt. Zeigen Sie Ihrem Kind, wofür es bestimmte Fertigkeiten gebrauchen kann. Helfen Sie ihm, herauszufinden, warum es sich lohnt, eine bestimmte Sache zu lernen!

Kehren wir noch einmal zum Beispiel zurück, dass Ihr Kind eines Tages Tierarzt werden möchte. Trotz dieses Ziels wird es nicht unbedingt verstehen können, warum es für eine Klassenarbeit im Schulfach Heimat- und Sachkunde etwas über Pflanzen lernen soll und wo diese wachsen. Es wird den Zusammenhang nicht sehen können. Versuchen Sie es in diesem Fall aber doch einmal mit einem Zoobesuch. Hier verbinden Sie das theoretisch zu Lernende Wissen mit praktischen Inhalten und einer sinnvollen Anwendbarkeit. Ihr Kind interessiert sich bereits für Tiere und deren Gesundheit – zeigen Sie ihm Tiere, wie Sie im Zoo leben und erklären Sie ihm, wie sich das von ihrem natürlichen Lebensraum unterscheidet. Warum bekommt der Koala hier andere Blätter zu fressen als in Australien, wo er hauptsächlich von Eukalyptus lebt? Durch die praktische Anwendung wird Ihr Kind sich viel leichter merken können, welche Gewächse den Tieren hier zur Verfügung stehen und warum diese in anderen Breitengraden nicht wachsen. Hat Ihr Kind hingegen Schwierigkeiten mit der Motivation, Lesen zu lernen, verbinden Sie dies auch mit etwas, das es gerne tut. Vielleicht malt Ihr Kind gerne – dann machen Sie ein Spiel daraus! Sie schreiben ein Wort auf, das Ihr Kind entziffern soll und zu dem es im Anschluss eine kleine Zeichnung anfertigen darf.

Oder machen Sie im Supermarkt einen Kopfrechenwettbewerb! Wer kann schneller ausrechnen, wie viel fünf Bananen kosten, wenn eine 49 Cent kostet? Integrieren Sie solche kleinen Spiele immer wieder in den Alltag und scheuen Sie sich nicht, ebenfalls daran teilzuhaben. Es macht Kindern fast immer Spaß, sich mit Erwachsenen zu messen und neu erlerntes Wissen anzuwenden. Und ein bisschen Kopfrechnen tut auch Ihnen als Erwachsenen sicher gut. Seien Sie kreativ und finden Sie immer wieder Bezüge zwischen theoretischem Wissen und dem Alltag!

Wie Sie Belohnungen geschickt einsetzen

Trotz aller Bemühungen ist es vollkommen normal, dass Sie es nicht immer schaffen werden, eine intrinsische Motivation in Ihrem Kind zu wecken. Auch Ihr Kind ist eine eigenständige Person und entwickelt mit seinen fünf oder mehr Jahren zunehmend eigene Interessen, Vorlieben und Stärken. Damit einher geht aber auf der anderen Seite, dass es auch Interessen verliert und Abneigungen ausbildet. Eine intrinsische Motivation für ein Thema aufzubauen, für das Ihr Kind sich beim besten Willen nicht interessiert, ist schwierig, ja, geradezu unmöglich. In diesem Fall geht es leider nicht anders, als dass Sie mit extrinsischen Motivationen arbeiten. Extrinsische Motivationen sind äußere Einflüsse, die uns den nötigen Antrieb verschaffen, um eine für uns nicht als lohnend erscheinende Aufgabe zu erledigen. Dafür können wir entweder positiv verstärkend vorgehen (also eine Belohnung in Aussicht stellen) oder negativ verstärkend (mit Druck). Im vorangehenden Kapitel haben wir uns bereits damit auseinandergesetzt, dass Positivität und das Gefühl von Erfolg zwei der Schlüssel sind, die uns helfen, die Motivation aufrechtzuerhalten. Verbindet Ihr Kind das Lernen mit etwas Negativem, wird es schwerer wieder dazu zu bewegen sein. Deshalb sollten Sie im Falle einer notwendigen extrinsischen Motivation auf keinen Fall mit Druck arbeiten. Vielmehr sollten Sie sich das System von Belohnungen zunutze machen. Schaffen Sie einen äußeren Anreiz, dessen Belohnung Ihr Kind nur bekommt, wenn es die gestellten Aufgaben konzentriert und fokussiert bearbeitet hat. Dieser Anreiz muss etwas sehr Positives sein, etwas, das Ihr Kind unbedingt haben möchte und etwas, das es sonst nicht bekommt. Denkt sich Ihr Kind „Ach, ich bekomme die Tafel Schokolade sowieso, auch wenn ich mich jetzt nicht anstrenge", wird das System nicht funktionieren. Sie allein haben es in der Hand, ob Ihr Kind so über Sie denkt oder nicht. Dabei sind eine gewisse liebevolle Konsequenz und Fingerspitzengefühl gefragt.

Belohnen Sie die Intention, nicht die quantitativen Resultate! Damit meine ich Folgendes: Hat Ihr Kind eine bestimmte Anzahl an Matheaufgaben auf, sollten Sie den Erfolg einer Lerneinheit nicht daran messen, dass Ihr Kind zehn von zehn Aufgaben in einer bestimmten Zeit gelöst hat. Dies baut Zeitdruck auf und führt zu Flüchtigkeitsfehlern und Unkonzentriertheit. Geben

Sie Ihrem Kind vielmehr die Zeit, die es braucht, und belohnen Sie, dass es fokussiert arbeitet, ohne sich ablenken zu lassen. Das Gehirn merkt sich diese Verknüpfung von konzentriertem Lernen und der Belohnung und programmiert sich selbst auf diese Arbeitsweise – so wird es beim nächsten Mal wieder den Erfolg in Form einer Belohnung forttragen. Ich habe jetzt vorangehend beispielsweise eine Tafel Schokolade als Belohnung genannt. Das kann man machen, entspricht aber letztlich nicht meiner grundsätzlichen Empfehlung: Belohnen Sie möglichst wenig mit Materiellem, sondern vielmehr mit Immateriellem! Es spricht, wie gesagt, nichts dagegen, ab und an eine kleine Süßigkeit, ein bereits lang ersehntes Spielzeug oder einen sonstigen Gegenstand als Motivation einzusetzen. Das Problem mit materiellen Gütern ist aber, dass das Gehirn sich an diese Art von Belohnung gewöhnt. Beim ersten Mal wird beim Erhalt dieser Belohnung noch viel Dopamin ausgeschüttet, das Gehirn badet in Glücksgefühlen über diesen Erfolg. Belohnen wir aber immer wieder mit der gleichen Sache, ist diese schnell nichts mehr Besonderes. Das Gehirn beginnt, mehr zu fordern, um wieder die gleiche Menge an Glückshormonen auszuschütten. Die Schokolade verliert also schnell den Reiz als Belohnung für Ihr Kind.

Mein Tipp lautet daher: Belohnen Sie mit Erlebnissen anstatt mit Gegenständen. Was macht Ihr Kind gerne?

Fragen Sie es, was es sich wünscht! Vielleicht möchte es nach dem konzentrierten Lernen eine Runde Karten mit Ihnen spielen – dann versuchen Sie, das als Belohnung einzusetzen. Vielleicht würde es gerne auf den Spielplatz gehen – versuchen Sie, das einzurichten. Oder es möchte seinen Lieblings-Song im Auto hören – dann ertragen Sie diese auch noch ein weiteres Mal, obwohl Sie

sie bereits auswendig können! Solch immaterielle Belohnungen verlieren deutlich langsamer an Reiz als materielle und lohnen sich deshalb auf lange Sicht mehr.

Meinen letzten Tipp habe ich vorangehend bereits einmal angedeutet, ich möchte ihn hier aber auf jeden Fall noch einmal aufgreifen: Machen Sie keinen Druck! Druck ist der Tod jeder Konzentration! Geben Sie Ihrem Kind in jeder Situation das Gefühl, dass es in Ordnung ist, nicht perfekt zu sein. Setzen Sie die Maßstäbe nicht zu hoch! Jeder Mensch schwankt von Tag zu Tag in seiner Leistungsfähigkeit und das ist in Ordnung. Sie werden beim Beobachten Ihres Kindes feststellen, dass es an manchen Tagen deutlich besser und konzentrierter Lernen kann als an anderen. Nehmen Sie das an! Akzeptieren Sie es! Vielleicht hat Ihr Kind an den „schlechteren" Tagen nicht so gut geschlafen, vielleicht hatte es einen anstrengenderen Schultag, vielleicht hat es weniger gegessen oder hatte ein Erlebnis, das es noch zu verarbeiten gilt. Die Gründe für Unkonzentriertheit können vielfältig sein. Sprechen Sie mit Ihrem Kind darüber, aber versuchen Sie nicht, durch Druck seine Leistung zu verbessern. Wie gesagt: Zeit- oder Leistungsdruck führen zu unkonzentriertem Arbeiten, zu Flüchtigkeitsfehlern und zum Verlust der Motivation. Sie nehmen durch Druck Ihrem Kind den Spaß am Lernen. Und das ist auf Dauer kontraproduktiv.

Nehmen Sie Ihr Kind lieber an die Hand und unterstützen Sie es, genau da, wo es heute steht. Finden Sie gemeinsam Lösungen. Motivieren Sie Ihr Kind, indem Sie ihm ein positives Gefühl geben. Sie werden merken, dass das größere Erfolgserlebnisse bringt als alles Schimpfen auf dieser Welt.

Drei knackige Tipps – kurz und bündig

1. Wecken Sie die intrinsische Motivation Ihres Kindes!

2. Versuchen Sie, Ihrem Kind deutlich zu machen, wo im Alltag es bestimmte Fertigkeiten benötigt: Binden Sie sie spielerisch in den Alltag ein. Beim Einkaufen, beim Kochen, im Spiel mit den Haustieren. Seien Sie kreativ!

3. Setzen Sie Belohnungen geschickt ein: lieber Zeit verschenken als materielle Güter!

Strategie 5: Alltagstaugliche Spiele zur Konzentrationsförderung

Gerade, wenn wir über die Konzentrationsfähigkeit von Kindern sprechen, dürfen wir eines nicht vergessen: Kinder lernen anders als Erwachsene. Erwachsene haben ein deutlich ausgeprägteres Bewusstsein und Verständnis für abstrakte Sachverhalte. Wir können Zusammenhänge begreifen, auch wenn wir sie nicht mit eigenen Augen sehen können. Unser Gehirn hat bereits über Jahre hinweg Wissen und Erfahrungen gesammelt, sodass wir uns auch nicht Reales vorstellen können. Kinder haben weniger Lebenserfahrung als Erwachsene und werden zudem (vollkommen zu Recht) von manchen Dingen auf dieser Welt abgeschirmt. Ihr abstraktes Verständnis ist noch nicht sonderlich ausgeprägt. Das bedeutet, dass sie am meisten lernen, wenn sie Dinge mit eigenen Augen sehen, mit den Händen berühren, mit den Ohren hören können. Sie lernen, indem sie am eigenen Leib erfahren. Je praktischer die Lerninhalte für sie verpackt sind, desto besser werden sie später erinnert werden. In diesem Ratgeber soll es aber nicht (nur) darum gehen, wie Sie Ihrem Kind möglichst viel Wissen und Fakten beibringen können. Vor allem soll er ihnen helfen, die Konzentration Ihres Kindes zu schulen, um ein effektiveres Lernen zu ermöglichen. Um einem Menschen in den richtigen Momenten eine gebündelte Konzentration zu erlauben, sind die passenden Lernmethoden und die passenden Umstände beim Lernen selbst unerlässlich. Aber auch außerhalb der Lernzeiten ist es möglich, die Konzentration zu fördern. Jeden Tag und ohne großen Aufwand.

Sie können dies erreichen, indem Sie immer wieder kleine Konzentrationsspiele und -übungen für Ihr Kind in Ihren Alltag integrieren. Verpacken Sie diese gut und spaßig, wird Ihr Kind sie gar nicht als anstrengend empfinden und sie stattdessen für ganz normale Spiele halten und großen Gefallen daran finden. Seien Sie geschickt und kreativ!

„Komm, spiel mit mir!" – Konzentration durch Spiel und Spaß

Zum einen gibt es hervorragende Gesellschaftsspiele, die sich für die Schulung der Konzentrationsfähigkeit eignen. Ganz besonders hervorheben möchte ich in diesem Zusammenhang einige Spiele, die das Gedächtnis fordern und fördern.

Memory

Sie kennen sicherlich das Spiel Memory, bei dem immer zwei Karten das gleiche Motiv tragen. Die Karten werden verdeckt auf den Tisch gelegt und gemischt. Bei jedem Spielzug darf der Spieler, der an der Reihe ist, zwei Karten aufdecken – und wenn es die zusammenpassenden sind, darf er sie behalten. Haben Sie dieses Spiel nicht zu Hause, können Sie auch ganz einfach selbst eines basteln, indem Sie sich selbst Karten zurechtschneiden und Ihr Kind sie anschließend selbst bemalt. Das fördert zudem seine Kreativität und ist eine schöne Beschäftigung für Zwischendurch.

Ich packe meinen Koffer

Ein anderes Spiel für die Gedächtnisbildung ist „Ich packe meinen Koffer". Der Vorteil dieses Spiels ist, dass Sie hierfür nicht einmal Hilfsmittel benötigen. Spielen Sie es doch einfach während der Autofahrt zur Schule oder zum Kinderturnen! So werden auch die Autofahrten weniger anstrengend und Sie müssen nicht immer die gleichen Hörspiele hören. Bei diesem Spiel beginnt ein Spieler mit dem Satz „Ich packe meinen Koffer und nehme mit …" und beendet ihn mit einer Sache, die für ihn bei einer Reise nicht fehlen dürfte (beispielsweise ein Fotoapparat). Anschließend ist der nächste Spieler an der Reihe und sagt wieder den Satz „Ich packe meinen Koffer und nehme mit …". Dann muss er zunächst alles wiederholen, was bisher schon in den Koffer gesteckt wurde, bevor er seinen eigenen nächsten Gegenstand dazugeben darf. Dies geht so lange, bis einer der Spieler einen Fehler macht oder ihm die Gegenstände nicht mehr einfallen.

Sicherlich gibt es noch viel mehr Spiele dieser Art. Vielleicht fallen Ihnen selbst noch einige ein – andernfalls können Sie einfach das Internet befragen und werden bestimmt fündig. Der Vorteil an solchen Spielen ist, dass Sie die Konzentration schulen und verbessern, denn Ihr Kind muss gezielt zuhören und den Inhalt dann auch wiedergeben. Lässt es sich ablenken, verliert es das Spiel. In der Regel führt aber der Wille zu gewinnen zu einer hohen Motivation und entsprechend hoher Konzentration. Andererseits verbringen Sie auch gemeinsame Zeit mit Ihrem Kind oder ihrer ganzen Familie. Je mehr mitspielen, desto besser! Aber nicht nur Gedächtnisspiele schulen die Konzentration, auch Spiele wie Puzzeln können sie fördern. Ihr Kind muss lernen, sich zu fokussieren, um gezielt nach Teilen zu suchen, die zusammenpassen. Das erfordert Geduld und Ausdauer und auch Genauigkeit im Tun. Es wird merken, dass es zwar auch nur fast zusammenpassende Teile mit „Gewalt“ zusammenbringen kann, dass dieses Teil dann aber an anderer Stelle fehlen wird. Wenn es also nicht mit einem gewissen Grad an Perfektionismus an die Aufgabe herangeht, muss es von vorne anfangen. Damit es die Lust am Puzzeln nicht zu schnell verliert, lohnt es sich in jedem Fall, ein Motiv für das Puzzle zu finden, das Ihrem Kind gefällt. Lassen Sie Ihr Kind selbst aussuchen, was es puzzeln möchte! Und vielleicht können Sie es noch mehr motivieren, wenn Sie das fertige Puzzle dann aufkleben (lassen) und an einem besonderen Ort in der Wohnung aufhängen. So erscheint das Puzzeln noch sinnvoller zu sein.

Spielerische Konzentrationsübung – Kochen

Versuchen Sie doch einmal, aus ganz normalen Alltagsaktivitäten spielerische Konzentrationsübungen zu machen! Ein wenig abhängig vom Alter eignet sich hierfür beispielsweise eine Aufgabe wie Kochen. Lassen Sie Ihr Kind doch einmal die Regie hierbei übernehmen. Es darf sich ein Rezept aussuchen und die Organisation übernehmen. Es soll den Einkaufszettel schreiben und es darf Ihnen im Supermarkt sagen, was Sie kaufen sollen.

Zu Hause darf es dann der Küchenchef sein und Ihnen Anweisungen erteilen, wie Sie das Rezept zu bearbeiten haben: Was tun Sie in welcher Reihenfolge, wie tun Sie das? Schneiden Sie die Kartoffeln in Würfel oder nur in Viertel? Wann müssen die Würstchen ins Wasser? Butter oder Öl in die Pfanne? Sicherlich wird Ihr Kind (gerade im Grundschulalter) hier und da noch die ein oder andere Sache vergessen und kleine Erinnerungen benötigen. Aber eine Übung wie diese schult hervorragend das Organisationstalent – und kaum sonst woanders wird Konzentration so sehr gebraucht wie bei der Koordinierung größerer Projekte. Und das Beste ist, dass Ihr Kind am Ende ein Erfolgserlebnis haben wird: Es kann der ganzen Familie ein selbst gekochtes Gericht servieren. Abgesehen davon vermitteln Sie ihm das Gefühl, dass Sie ihm vertrauen und ihm ein derartiges Projekt auch zutrauen, was für das Selbstbewusstsein und die Motivation nur förderlich sein kann.

Überlegen Sie auch hier, welche ähnlichen Alltagsaktivitäten Sie an Ihr Kind abgeben können. Fördern Sie dadurch seine Selbstbestimmung. Dies wird sich anschließend auch aufs Lernen übertragen lassen. Lassen Sie Ihr Kind auch beim Lernen immer wieder selbst bestimmen, in welcher Reihenfolge es die Aufgaben bearbeiten möchte und im gewissen Rahmen sogar, wann. Selbstverantwortliches Lernen fördert die Motivation und dadurch auch die Konzentration.

Konzentrationsschulung durch motorische Übungen

Die vorangegangenen Beispiele für alltagstaugliche Spiele zur Konzentrationsförderung waren alle vorwiegend intellektueller

Natur, es ging also vor allem um die Kopfarbeit. Zur praktischen Konzentrationsschulung gehört aber noch viel mehr. Gerade motorische Übungen und Aufgaben zur Koordinationsstärkung sind ein nicht unwesentlicher Bestandteil, wenn es um die Förderung des Fokus geht.

Auch hierfür gibt es schöne Spiele, die Kindern in der Regel viel Spaß machen, die die Motorik fördern und gleichzeitig Konzentration erfordern. Es sind keine ausgefallenen Spiele, die Sie dafür lernen müssen: Schon der gute, altbekannte Eierlauf ist hierfür perfekt geeignet.

Eierlauf

Jeder Mitspieler erhält einen Esslöffel, auf den ein Ei (oder ein Ball) gelegt wird. Es wird eine Laufstrecke abgesteckt, möglicherweise mit Hindernissen, die überquert werden müssen. Auf ein Startzeichen geht der Wettlauf los: Wer schafft es zuerst über die Ziellinie, ohne dass das Ei vom Löffel herunterfällt? Alternativ kann das Spiel auch mit einem bis zum Rand gefüllten Glas gespielt werden – der Gewinner ist derjenige, der am Ende des Parcours noch am meisten Wasser in seinem Glas hat.

Dreibeinlauf

Auch der Dreibeinlauf eignet sich wunderbar: Zwei Partner binden sich jeweils eines ihrer Beine mit dem des anderen zusammen und müssen dann in einer vorgegebenen Zeit einen Hindernislauf überqueren, ohne hinzufallen. Dies erfordert Konzentration, um nicht zu stolpern, und außerdem noch Teamwork – stolpert einer oder ist einer zu langsam unterwegs, bremst es auch den anderen aus und beide kommen nicht rechtzeitig ans Ziel. Perfekt, um gleichzeitig noch die sozialen Kompetenzen und die Kommunikation zu fördern!

Oder auch sehr einfach: Pusten Sie einige Luftballons auf, werfen Sie sie in die Luft und die Kinder müssen diese in der Luft halten. Die Ballons dürfen den Boden nicht berühren. Ich wette, das haben Sie selbst auch schon oft gespielt!

Das Schöne an dieser Art von Spielen ist die Vielseitigkeit. Einerseits fördern sie die Konzentration auf natürliche, spielerische Weise, so dass es von den Kindern nicht als Arbeit oder Anstrengung wahrgenommen wird. Andererseits werden auch viele weitere Kompetenzen gefordert und verbessert: die motorischen Fähigkeiten, soziale Kompetenzen, die Kommunikation, Geduld, ein gewisser Ehrgeiz und vieles mehr, was Ihr Kind in der Schule, beim Lernen und grundsätzlich im Umgang mit anderen Menschen helfen wird. Ganz abgesehen davon stärkt es auch Ihre Bindung untereinander. Denken Sie doch selbst einmal zurück an die schönsten Zeiten, die Sie als Kind mit Ihren eigenen Eltern hatten. Meist sind es die gemeinsamen Unternehmungen, die uns da einfallen, oder? Es sind die Wochenenden oder die Tage, an denen unsere Eltern sich Zeit für uns genommen, mit uns gespielt und mit uns Spaß und Unsinn gemacht haben. Genau solche Erinnerungen schaffen Sie auch für Ihr Kind mit solchen Aktivitäten – ganz abgesehen davon, was Sie mit diesen Spielen für Konzentration und Lernfähigkeit tun.

Lernfähigkeit durch Inspiration und Kreativität schulen

Zu guter Letzt möchte ich in diesem Kapitel noch auf folgenden Aspekt eingehen, der direkt, wie indirekt einen großen Einfluss auf die Konzentrationsfähigkeit hat: die Kreativität. Ich bin fest davon überzeugt, dass jeder Mensch eine kreative Seite besitzt. Dabei kann sich diese Kreativität auf den unterschiedlichsten Wegen Ausdruck verschaffen. Normalerweise verbinden wir mit einem kreativen Menschen jemanden, der beispielsweise besonders gut malen oder zeichnen kann, jemanden, der besonders musikalisch ist und selbst Stücke komponiert, jemanden, der über beeindruckende grafische Fähigkeiten verfügt, schreiben, fotografieren oder filmen kann oder insgesamt ein gutes Gespür für Design hat. Kurz gesagt denken wir bei einem kreativen Menschen meist als erstes an jemanden mit einer künstlerischen Veranlagung. Dies ist aber nur ein Teil der Wahrheit. Kreativität kann so viel mehr sein. Auch (oder gerade) in Wissenschaft und Forschung sind unglaublich viele kreative Menschen tätig. Sehen Sie sich Einstein an: Er revolutionierte mit seinen physikalischen Theorien ein ganzes wissenschaftliches Fachgebiet. Wie hätte er ohne eine stark ausgeprägte Kreativität auf diese genialen verrückten Ideen und Hypothesen kommen sollen? Forschung besteht daraus, für bisher ungelöste Rätsel unkonventionelle und originelle Lösungsideen zu finden und diese umzusetzen. Genauso die Mathematik: Fast nie kommt man auf diesem Fachgebiet auf direktem Wege zur Lösung, vielmehr muss man kreative Umwege gehen und um mehrere Ecken denken, um ans Ziel zu gelangen.

Und gerade Kinder sind häufig die kreativsten Menschen. Sie haben eine blühende, bunte Fantasie, manchmal sogar so ausgeprägt, dass für sie Imagination und Realität verschwimmen. Sie sind Meister darin, sich Geschichten auszudenken, mit imaginären Personen Gespräche zu führen, sich beim Spielen Dinge auszumalen, die außer ihnen niemand sieht. Und diese Eigenschaft ist wundervoll! Im Zusammenhang mit der Konzentration möchte ich dabei auf folgendes hinaus: Wie bei allem im Leben ist eine Balance wichtig. Natürlich können weder wir noch unsere Kinder unser Leben lang in unserer kreativen Phase verbleiben. Ab und zu müssen wir in die Realität zurückkommen und unseren Aufgaben in der realen Welt nachkommen. Wir müssen unseren (oft wahrscheinlich nicht sonderlich kreativen) Arbeiten und Pflichten nachkommen und unser Leben in der normalen Alltagswelt führen. Dennoch sollten die Zeiten der Kreativität nicht zu kurz kommen, geschweige denn unterdrückt werden. Unser Gehirn benötigt Zeiten der Inspiration und Zeiten der Umsetzung. Wir müssen uns selbst die Zeit und die Ruhe geben, Ideen zu schöpfen und unsere Kreativität auszuleben. Tun wir das nicht, kann uns diese Disbalance sehr unglücklich machen. Kinder noch mehr als Erwachsene. Da sie noch kreativer sind als ihre großen Mitmenschen, ist es für sie umso wichtiger, diese Zeiten der Kreativität zu nutzen und eine Balance zwischen Inspiration und Schaffenszeit zu finden.

Kreativität und Inspiration sind (salopp ausgedrückt) Ferien für unser Gehirn. In diesen Zeiten lassen wir den Kopf die strukturierten Denkweisen und Gedankenstraßen verlassen und auf unentdeckten Pfaden wandern. Wir entlasten unseren Kopf und unsere Konzentrationszentren, indem wir die Gedanken treiben lassen und uns nicht dazu zwingen, über bestimmte Sachverhalte nachzudenken. Wir begeben uns in eine Welt voller Ideen, Träume und vor allem auch voller Emotionen. Das ist der Schlüssel dazu, in den Zeiten des Schaffens konzentriert sein zu können: Man muss sich an anderer Stelle Zeit nehmen, in seinem Inneren für Platz und Ruhe zu sorgen.

Was bedeutet das konkret für Sie und Ihr Kind? Schaffen Sie Zeiten für Ihr Kind, in denen es seine Kreativität ausleben kann. Geben Sie ihm den Raum, Inspiration zu schöpfen, sich auszuprobieren, sich selbst zu finden und Emotionen und Ideen zu erschaffen und zu verarbeiten. Unterstützen Sie Ihr Kind dabei, seine kreative Ader zu entdecken, diese auszubilden und weiterzuentwickeln und dieser auch ihren freien Lauf zu lassen. Um Ihr Kind dabei zu unterstützen und die kreativen Prozesse anzuregen, gibt es auch wieder einige Spiele und Tricks, die ich gerne mit Ihnen teilen möchte. Dabei spielt es selbstverständlich eine entscheidende Rolle, dass Sie herausfinden, welche kreativen Fähigkeiten Ihr Kind besitzt, welche es gerne selbst fördern möchte und worauf es Lust hat. Das kann jeden Tag ein bisschen unterschiedlich sein, also seien Sie flexibel und zeigen Sie Verständnis für wechselnde Bedürfnisse! Kreativität und Inspiration lassen sich schlecht planen und sollten deshalb auch nicht geplant werden.

Viele Kinder malen sehr gerne. Schaffen Sie Ihrem Kind also beispielsweise Gelegenheiten, um sich auf diese Art und Weise auszudrücken. Geben Sie nicht vor, was Ihr Kind malen soll, lassen Sie ihm einfach freien Lauf und beobachten Sie, was dabei herauskommt. Stellen Sie verschiedene Materialien zum Malen und Basteln zur Verfügung und sehen Sie zu, was Ihr Kind daraus macht. Anschließend können Sie sich von Ihrem Kind die Geschichte dazu erzählen lassen. Sie werden erstaunt sein, welch kreative Erzählungen manchmal dabei herauskommen. Für ein wenig mehr Interaktion schon während des Malens können Sie auch den Anfang einer Geschichte erzählen und diese von Ihrem Kind künstlerisch aus- und weiterführen lassen. Geben Sie einfach nur den Anfang vor und lassen Sie Ihr Kind die Geschichte beenden. Oder erzählen Sie sie gemeinsam zu Ende und malen Sie dazu ein Bild. Auch dies ist schon auf verschiedene Arten eine Schulung für die Konzentration: Erstens muss Ihr Kind sich konzentrieren, um die Geschichte beenden zu können, andererseits wird die Kreativität angeregt, Ihr Kind kann über solche Geschichten Erlebnisse verarbeiten, in einen künstlerischen Kontext verpacken und so loswerden. Genauso können Sie selbst ein Lied komponieren, eine Geschichte schreiben, mit Playmobil nachspielen – den Möglichkeiten sind keine Grenzen gesetzt. Werden Sie gemeinsam kreativ und finden Sie die perfekte Ausdrucksweise für Ihr Kind.

<u>Zuletzt noch folgende Idee:</u> Machen Sie mit Ihrem Kind eine Traumreise. Viele Kinder lieben Traumreisen. Diese sind eine Art der Meditation, nur fällt es vielen Kindern leichter, stillzusitzen und die Gedanken treiben zu lassen, wenn sie dazu von einer kleinen Geschichte begleitet werden. Auch bei einer Traumreise wird die Kreativität angeregt. In der Stille liegt der Schlüssel zur Inspiration und Emotion. Helfen Sie Ihrem Kind so, Zugang zu Gefühlen zu bekommen und diese verarbeiten zu können. Wenn Sie nicht genau wissen, wie eine Traumreise am besten aufgebaut ist, suchen Sie einmal im Internet. Hier gibt es unzählige Seiten, die Vorlagen, Ideen und schon fertige Traumreisen kostenlos zur Verfügung stellen – oder Sie suchen sich einen der unzähligen Podcasts zu dem Thema auf Spotify oder einer anderen Musikplattform aus und machen die Traumreise gemeinsam! Kuscheln Sie sich dabei mit Ihrem Kind aufs Sofa und genießen Sie diese

gemeinsame Zeit der Ruhe, Inspiration und Kreativität. Wollen Sie sich eine eigene Traumreise zusammenbasteln, ist auch das gar nicht so schwer. Überlegen Sie sich ein schönes Thema, von dem Sie wissen, dass es die kreative Ader Ihres Kindes anspricht. Werden Sie auch hier selbst kreativ und lassen Sie die Ideen fließen. Sie kennen Ihr Kind am besten und werden einen Weg finden, eine schöne Traumreise für es zusammenzustellen.

Wie Sie sehen, bieten sich überall im Alltag kleine Möglichkeiten, die Konzentration entweder direkt zu schulen oder indirekt zu verbessern, indem Sie die richtigen Voraussetzungen schaffen. Auch Freiräume zur Erholung sind dabei von großer Bedeutung. All das geht auf sehr spielerische Weise, ohne, dass Sie (überspitzt gesagt) Ihr Kind dazu die ganze Zeit drangsalieren müssten. Finden Sie Wege, die für Sie als Familie funktionieren, die zu Ihnen und Ihrem Kind passen und die Sie auch gut in Ihren Alltag integrieren können. Üben Sie sich gemeinsam mit Ihrem Kind jeden Tag ein kleines bisschen mehr in Konzentration und Lernfähigkeit. Kleine Schritte werden schon bald einen großen Unterschied machen!

Drei knackige Tipps – kurz und bündig

1. Spielen Sie Spiele für die Gedächtnisbildung und die Organisation mit Ihrem Kind: „Ich packe meinen Koffer“, Memory oder Puzzle! Lassen Sie Ihr Kind gelegentlich Alltagsaufgaben selbstständig übernehmen.

2. Motorische Aktivität fördert die Konzentration und die Teamarbeit! Spielen Sie Sackhüpfen, Dreibeinlauf oder Eierlaufe.

3. In der Ruhe liegt die Inspiration: Fördern Sie durch Traumreisen die Kreativität und die Konzentrationsfähigkeit Ihres Kindes.

DIE VERSCHIEDENEN LERNTYPEN UND IHRE INDIVIDUELLEN BEDÜRFNISSE

In den vorangegangenen Kapiteln haben wir uns ausführlich mit einer Menge Methoden, Tricks und Ratschlägen beschäftigt, die grundsätzlich bei jedem Menschen hilfreich sein können, um seine Konzentration zu steigern – natürlich immer mit Einschränkungen und angepasst an die Bedürfnisse Ihres Kindes. Es ist wichtig, dass Sie das nicht vergessen: Auch Kinder sind bereits eigenständige Menschen, die von Geburt an bestimmte Voraussetzungen mitgeliefert bekommen haben. Mit fünf oder mehr Jahren sind sie längst in der Lage, sich eine eigene Meinung zu bestimmten Umständen zu bilden, zu merken, was ihnen guttut und was nicht, Vorlieben und Abneigungen zu entwickeln und diese auch zu kommunizieren. Hören Sie zu, was Ihr Kind Ihnen verbal oder nonverbal mitteilen will! Klar, in diesem jungen Alter sind unsere Kinder immer noch sehr abhängig von uns und unserer Meinung. In ihrer Welt gelten Ihre engsten Bezugspersonen (meist die Eltern) noch immer als nahezu unfehlbar und als so etwas wie allwissend. Das macht es so schwer, die Gratwanderung hinzubekommen: Es ist unsere Aufgabe als Eltern, unseren Kindern eine vernünftige Führung zu geben – mit Grenzen und Regeln, die es auf die Welt vorbereiten, aber es dennoch seine eigene Meinung entwickeln lassen, seine eigene Persönlichkeit und seinen eigenen Willen.

Mit der Entwicklung der Persönlichkeit eines Kindes kristallisieren sich auch zunehmend seine Fähigkeiten heraus. Es wird nach und nach immer deutlicher, welche Charakterzüge das Kind als Mensch aufweist und auch, wie seine Gedanken und die entsprechenden Lernprozesse „funktionieren". Und so wird sich mit zunehmender Entwicklung auch herausstellen, welchem Lerntyp das Kind angehört und welche individuellen Besonderheiten es sonst mitbringt. Der Lerntyp eines Menschen ist einer der fundamentalsten Faktoren, die den Lernerfolg beim Anwenden einer bestimmten Lernmethode determinieren. Bei der Einordnung eines Menschen in dieses System geht es in erster Linie um die Frage, über welche Sinnesmodalität diese Person am besten und effektivsten lernt – also über den Sehsinn, den Hör- oder den Tastsinn. Je nachdem, welcher dieser „Kategorien" ein Mensch sich am ehesten zugehörig fühlt, wird er gerade beim Lernen unterschiedliche Bedürfnisse zeigen, deren Erfüllung oder Nichtberücksichtigung einen enormen Einfluss auf die Konzentration und die Aufmerksamkeitsspanne haben können. Ebenso sind andere individuelle Gegebenheiten ausschlaggebend für Fokus und Konzentration, wie zum Beispiel individuelle Über- oder Unterforderungsgefühle oder teilweise bis vollständig ausgeprägte Lern- oder Aufmerksamkeitsstörungen.

In diesem Sinne waren alle Ratschläge aus den vorangegangenen Kapiteln wertvoll und richtig, wenn Sie aber noch gezielter auf die individuellen Bedürfnisse Ihres Kindes eingehen wollen, wird es jetzt erst richtig interessant für Sie. Wir werden uns nun gezielt den spezielleren Herausforderungen widmen, die die verschiedenen Lern- und Persönlichkeitstypen mitbringen, betrachten, wie sie die Konzentration beeinflussen und herausfinden, wie wir gewisse Charaktermerkmale vielleicht sogar nutzen können. Einige Tipps werden Ihnen aus den vorangegangenen Kapiteln möglicherweise schon bekannt vorkommen. Allerdings werden wir diese Methoden nun noch etwas akribischer behandeln und in einen anderen, individuelleren Kontext einbinden, um sie noch gezielter einzusetzen. Und auch hier soll es so praktikabel wie möglich weitergehen – Sie sollen die Ratschläge schließlich auch gut in Ihren Alltag einfügen können. Also – weiter geht es!

Der visuelle Lerntyp

„Schau doch mal!": Wie Sie das visuelle Lernen verbessern!

Wahrscheinlich haben Sie auch irgendwann schon einmal von den verschiedenen Lerntypen gehört. Das Konzept dessen ist recht verbreitet und wird auch in der Schule, Studium oder Ausbildung immer wieder einmal thematisiert. Trotzdem noch einmal zur kurzen Wiederholung: Nach dieser Theorie kann jeder Mensch mehr oder minder gut einer spezifischen Gruppe von Lerntypen zugeordnet werden, basierend darauf, über welchen Sinneskanal er am effizientesten lernt. Beim traditionellen Modell nach Frederic Vester, einem Universitätsprofessor der Biochemie, Umwelt- und Systemforschung, gibt es vier verschiedene dieser Kategorien: Er unterteilte die Menschen in den am ehesten visuellen Lerntyp, den auditiven, den haptischen und den intellektuellen Lerntypen. Dabei erinnert sich der visuelle Lerntyp am besten an das, was er gelesen oder gesehen hat, der auditive an das, was er gehört hat, der haptische an das, was er selbst ausprobieren und erleben konnte und der intellektuelle Lerntyp lernt am besten durch Nachdenken und kognitive Stimulation. Zwar hat dieses Modell immer noch Bestand, wird in der Lernpädagogik und der Psychologie noch immer regelmäßig als Referenz herangezogen und zitiert, doch ist es aufgrund einiger Schwachstellen auch immer wieder in die Kritik geraten. Besonders der intellektuelle Lerntyp geriet dabei immer wieder unter Beschuss von Skeptikern.

Deshalb und aus Gründen der Praktikabilität habe ich beschlossen, meine Ausführungen im Folgenden an dieses Konzept anzulehnen, es aber ein wenig zu modifizieren. Besonders, wenn es um Kinder geht, ist der intellektuelle Lerntyp eher weniger von Bedeutung. Kinder lernen hauptsächlich über ihre fünf Sinne, weshalb ich mich schwerpunktmäßig auf diese beschränken werde, um mit Ihnen ihre Besonderheiten zu besprechen. Zuerst der visuelle Lerntyp: Der visuelle Lerntyp zeichnet sich durch seine Fähigkeit aus, besonders optische Reize verarbeiten und sich daran erinnern zu können. Was er liest, in Schaubildern sehen kann oder anhand von Grafiken und Bildern veranschaulicht bekommt, speichert er schnell und präzise ab und kann diese Informationen auch später wieder mit großer Genauigkeit wiedergeben. Dagegen verliert er bei Hörbüchern, Podcasts oder anderen auditiven Medien schnell den Faden, lässt sich beim Zuhören leicht ablenken und kann sich die Inhalte von Gesagtem vergleichsweise schlecht merken. Tatsächlich gehört die Mehrheit der Menschen am ehesten diesem Lerntyp an, manche mehr, manche weniger ausgeprägt.

Bei Kindern dieses Lerntyps darf man als Besonderheit Folgendes nicht vergessen: Sie können noch nicht (so gut) lesen wie wir Erwachsenen. Es mag banal erscheinen und selbstverständlich, ich möchte diesen Fakt aber dennoch betonen. Einem Erwachsenen ist Lesen schon in Fleisch und Blut übergegangen, es passiert automatisch, ohne dass wir uns dafür anstrengen oder bemühen müssten. Ein Kind von fünf, sechs, sieben Jahren hingegen muss sich beim Lesen noch stark konzentrieren und Buchstabe für Buchstabe entziffern, diese zusammensetzen und so nach und nach den Sinn des Geschriebenen entschlüsseln. Oft wissen Kinder am Ende des Textes gar nicht mehr, was zu Anfang erklärt wurde, weil schon allein der Prozess des Lesens so viele Kapazitäten in ihrem Kopf beansprucht, dass sie nicht auch noch den Inhalt behalten können. Und trotzdem gehören viele Kinder dem visuellen Lerntyp an – die Zugehörigkeit zu dieser Gruppe hat nichts mit der Lesefähigkeit zu tun. Möchten wir unser Kind, das diesem Lerntyp angehört, optimal beim Lernen unterstützen, müssen wir uns also an seinen Wissensstand und seine Lesefähigkeiten anpassen. Wir müssen Methoden finden, ihm die Lerninhalte auf eine Weise zu präsentieren, die es ohne große Anstrengung verstehen kann und die trotzdem seinen visuellen Prägungen gerecht werden. Für die Konzentration ist das von entscheidender Bedeutung – die richtigen Lernmethoden zu finden.

Wir können uns nicht aussuchen, welchem Lerntyp wir angehören. Es hängt von verschiedenen Faktoren ab: Von genetischen

Faktoren, die wir von unseren Eltern in Form von Erbgut erhalten sowie von frühkindlichen Prägungen, die wir nicht benennen können und die Einfluss auf unsere Gehirnentwicklung nehmen. Auch die Förderung unserer Sinne, Talente und Fähigkeiten im Säuglings- und Kleinkindalter spielen eine Rolle sowie sicherlich auch eine Menge weiterer Variablen, die oft selbst in der Forschung noch nicht bekannt sind. Erinnern Sie sich zurück an das erste Kapitel, in dem wir uns mit der Theorie hinter der Konzentration und den Korrelaten auf hirnorganischer Eben befasst haben: All diese Faktoren entscheiden gemeinsam darüber, welche Synapsen (also Verbindungen zwischen Nervenzellen im Gehirn) innerhalb der ersten Lebensjahre aufgebaut werden, welche irgendwann als irrelevant eingestuft und wieder abgebaut werden. „Entscheidet" sich das Gehirn sinngemäß dafür, dass sein wichtigster Lernkanal über den optischen Sinn verlaufen soll, wird der sogenannte visuelle Kortex verstärkt aufgebaut und gefördert werden, ebenso wie die damit verknüpften Hirnzentren. Der visuelle Kortex ist der Teil des Gehirns, den wir zur Verarbeitung von visuellen Reizen und deren Wahrnehmung benötigen.

Charakteristika des visuellen Lerntyps

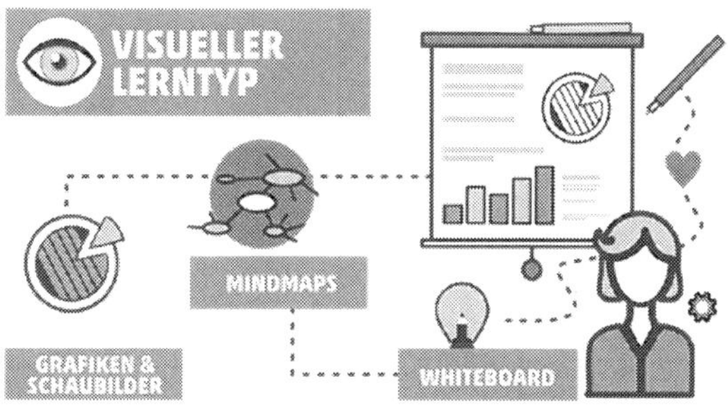

Der Schlüssel dazu, die Konzentration Ihres Kindes so lange und so intensiv wie möglich beim Lernen zu fesseln, ist, hier die richtigen Lernmethoden für diesen Lerntyp zu finden. Wie kann das für den visuellen Typ konkret aussehen? Wie bereits in früheren Kapiteln besprochen, spielt das Umfeld eine entscheidende Rolle. Für eine gute Konzentration sollten Sie ein möglichst ablenkungsarmes Ambiente schaffen, sodass die Aufmerksamkeit nicht von äußeren Reizen beansprucht wird. Beim visuellen Typ ist es entsprechend seiner Prägungen besonders wichtig, die optischen Reize zu minimieren. Darüber haben wir auch schon in einem der vorangehenden Kapitel gesprochen: Fenster sind eine wichtige Quelle für visuelle Reize – platzieren Sie Ihr Kind also am besten so an seinem Lernplatz, dass es mit dem Rücken dazu sitzt. So wird es nicht von jedem vorbeifliegenden Vogel oder von den Wolken am Himmel abgelenkt.

Auch visuelle Reize im Zimmer (und besonders auf dem Tisch, beziehungsweise in Reichweite zu Ihrem Kind beim Lernen) sollten Sie entfernen, sofern möglich. Ein absolutes Tabu ist ein laufender Fernseher, Computer oder sonstige elektronische Geräte! Die bunten Farben und bewegten Bilder wirken wie ein Blickfang und Ablenkung ist dadurch fast garantiert. Für das Marketing der Geräte gut, für die Konzentration ein kleines Desaster. Denken Sie auch an dieser Stelle noch einmal an das dominante Auge, über das wir im Kapitel Umfeld und Ablenkungen gesprochen haben. Gerade für den visuellen Typ ist dies von großer Bedeutung und es kann einen enormen Unterschied machen, wenn Sie den Einfluss des dominanten Auges kennen und richtig nutzen. Sorgen Sie für ein störungsfreies Umfeld besonders im Aufmerksamkeitsbereich des dominanten Auges!

Als spezifische Lernmethoden für den visuellen Typ eignet sich grundsätzlich alles, was die optischen Kanäle des Gehirns anspricht. Schaffen Sie es, die Aufmerksamkeit Ihres visuell geprägten Kindes auf einen lernspezifischen, optischen Reiz zu lenken, haben sie beinahe schon gewonnen: Ihr Kind wird ganz von selbst seine Konzentration auf diesen Reiz behalten. Seine Neugierde wird geweckt werden. Arbeiten Sie hier mit Bildern, mit Fotos, mit Zeichnungen. Besonders Farben ziehen den visuellen Typ magisch an – alles, was bunt ist, wird gut in Erinnerung behalten. Erstellen Sie gemeinsam mit Ihrem Kind ein Schaubild, das an einigen Stellen Text enthält, Bilder und Malereien, Pfeile, Zeichen und Symbole – einfach alles, was das Kind mit den zu lernenden Inhalten und Fakten assoziiert. Die Zeichen müssen nicht immer Sinn für Sie ergeben! Nur für Ihr Kind müssen Sie eine Erinnerungsstütze s für das sein, was es sich merken soll. Versucht es sich später zu erinnern, denkt es vielleicht nicht direkt an die Fakten, sondern zuerst an das Bild oder das Symbol auf dem Schaubild und kann sich anhand dessen wieder zu den gelernten Inhalten entlanghangeln. Achten Sie beim Erstellen solcher Schaubilder immer darauf, dass der Text nicht zu viel wird.

Gerade, wenn Ihr Kind noch nicht so gut lesen kann, ist Schrift eher nicht die richtige Ausdrucksform. Lassen Sie Ihr Kind stattdessen selbst etwas dazu malen oder recherchieren Sie gemeinsam im Internet und lassen Sie Ihr Kind ein Bild zum Thema aussuchen, das ihm gefällt. Je mehr das Kind die Bilder mag, desto besser wird es sich an diese erinnern können. Insgesamt hat sich auch die Gestaltung eines Lernplakates für den visuellen Typ sehr bewährt. Auf diesem kann man richtig kreativ werden: Kaufen Sie einen Bogen Tonpapier im Großformat und lassen Sie

Ihr Kind basteln, aufschreiben, das Plakat bekleben, beschriften und so weiter. Hängen Sie das Plakat anschließend irgendwo in der Wohnung gut sichtbar auf und sehen Sie es sich immer wieder gemeinsam an. Ihr Kind kann nun anhand des Plakates als Anschauungsmaterial erklären, was es sieht und was es über das Thema weiß. Es ist eine sehr geschickte Lernmethode, weil hier alle möglichen Sinnesmodalitäten verknüpft werden und das Gelernte so noch mehr gefestigt wird. Merken Sie sich diese Technik ruhig auch für die anderen Lerntypen!

Genauso lässt sich der folgende **Tipp** auch für verschiedene Lerntypen nutzen: Schauen Sie sich Videos zum Thema an. So sehr der Fernseher oder Computer auch ablenken kann, wenn es darum geht, sich aufs Lernen zu konzentrieren, so sehr können diese Medien auch von Nutzen sein, wenn Sie sie richtig einsetzen. Auf YouTube oder anderen Lernplattformen gibt es zahlreiche Videos zu allen möglichen Themen und auch für alle möglichen Altersstufen. Vieles davon ist sogar kostenlos! Suchen Sie gezielt passende Videos heraus – ohne Ihr Kind. Es wird eher kontraproduktiv sein, wenn Sie Ihr Kind dazu zusehen lassen, wie Sie sich durch die verschiedenen Videos klicken, bis Sie ein gutes gefunden haben. Es regt in Ihrem Kind nur das Bedürfnis an, all diese Videos ansehen zu wollen, und zieht den Fokus ab von dem Thema, um das es eigentlich gehen soll. Haben Sie ein gutes Video gefunden, sehen Sie es sich gemeinsam an, eventuell auch mehrere Male. So kann Ihr Kind das Thema gut begreifen. Wenn möglich, schalten Sie den Vollbildmodus ein und/oder installieren Sie einen Werbeblocker in Ihrem Browser, um zu verhindern, dass Werbevideos oder Pop-Ups am Bildschirmrand eine unnötige Ablenkung erzeugen. Haben Sie diese Herausforderung mit der Werbung im Griff, können auch diese Medien eine wunderbare Bereicherung sein! Und das nur mal ganz abgesehen davon, dass Kinder heutzutage in jedem Fall den Umgang mit diesen Medien lernen müssen und auch die Ablenkungen zu kontrollieren, die sich aus der Nutzung von Internet und Fernsehen ergeben.

Um gezielt die Konzentration von Kindern des visuellen Lerntyps zu stärken und zu verbessern, können Sie auch hier wieder einige Spiele in den Alltag integrieren. Diese sprechen die visuellen Sinnesmodalitäten an und erfordern gleichzeitig Konzentration und eine Lenkung der Aufmerksamkeit. Ein Spiel, welches auch im Kapitel über das spielerische Erlernen von Konzentration aufgetaucht ist, ist Memory. Gerade visuelle Lerntypen profitieren enorm von diesem Spiel, bei dem das Gedächtnis geschult wird, ein hohes Niveau an Fokus gefragt ist sowie Geduld und Fairness gefördert werden. Ähnlich wie Memory erfüllt auch Puzzeln diese Kriterien. Spezifisch einsetzen lässt sich auch folgende gemeinsame Aktivität: Kennen Sie diese Bücher, bei denen die Geschichte teilweise geschrieben ist, bei denen aber zwischendurch immer wieder Begriffe durch Bilder ersetzt werden? Lesen Sie diese Art von Büchern mit Ihrem Kind. Es muss sich so immer wieder konzentrieren, nicht die Stellen zu verpassen, an denen sein Einsatz gefragt ist und es den passenden Begriff zum Bild finden muss. Auch der Wortschatz wird hier geschult und die gemeinsame Aktivität stärkt Ihre Beziehung zueinander.

Sicher fallen Ihnen noch viele weitere Aktivitäten ein, die Ihrem Kind Spaß machen und bei denen Sie spielerisch sein visuelles Gedächtnis trainieren können. Probieren Sie aus, variieren Sie, seien Sie gemeinsam kreativ! Finden Sie Ihre Methoden und perfektionieren Sie sie. So können Sie Ihr Kind optimal fördern.

Drei knackige Tipps – kurz und bündig

1. Finden Sie die richtigen Lernmethoden für Ihr Kind: Der visuelle Typ mag alles, was er sehen kann. Bilder, Fotos, Zeichnungen, Schaubilder, Grafiken und am besten mit Symbolen und Zeichen und so vielen bunte Farben wie möglich versehen – das kann er sich merken! Hier habe ich ein besonderes Video für Sie, das Ihnen noch mehr Übungen und Ratschläge gibt: Scannen Sie den QR-Code ein.

2. Eliminieren Sie besonders die visuellen Ablenkungen im Lernumfeld. Finden Sie den richtigen Lernplatz! Am besten eignen sich weiße Wände und eine leere Pinnwand, wo Ihr Kind sich das Lernthema anpinnen kann. Ihr Kind wird es sich schon ansprechend gestalten.

3. Spiele, die das visuelle Gedächtnis anregen, sind beispielsweise Memory, Puzzle oder was besonders gut hilft, ist auch das Malen. Stellen Sie genügend Buntstifte und weiße Blätter bereit. Achten Sie bei der Auswahl von Lernmaterialien, dass die Darstellungen nicht verwirrend oder grafisch unordentlich für Ihr Kind sind. Lernspiele sollten lieber ruhig gestaltet sein und zu Ausgeglichenheit führen.

Der auditive Lerntyp

„Hör mal!“: Das auditive Lernen verbessern

Ein geringerer, wenn auch immer noch nicht unerheblicher, Anteil der Menschen gehört zum auditiven Lerntyp. Auch dieser Lerntyp zählt zu den Standardlerntypen, die in fast jedem Konzept auftauchen. Frederic Vester definierte den auditiven Lerntyp in seinem Urkonzept zu den verschiedenen Lerntypen als einen Menschen, dessen akustische Zentren im Gehirn besonders ausgeprägt sind. Dies führt dazu, dass diese Menschen sich besonders Gehörtes oder Geräusche gut merken können. Sie haben oft ein ausgeprägtes Verständnis für Musik, Töne und Klänge und hören in diesem Zusammenhang feine Nuancen und Unterschiede. Sie lernen am besten durch akustische Reize: Für alles, was ihnen in irgendeiner Form hörbar dargeboten wird, sind sie besonders empfänglich und können sich Lerninhalte besonders gut merken, wenn sie ihnen beispielsweise vorgelesen wurden oder sie sie auf sonst irgendeine Weise mit einem akustischen Signal verbinden. Zählt Ihr Kind zu denjenigen, die beispielsweise in der Schule am ehesten etwas mitnehmen, wenn der Lehrer im Frontalunterricht einen Sachverhalt erklärt, ist es wahrscheinlich, dass es zum auditiven Lerntyp gehört. Aus Schaubildern, Texten oder Fotos nehmen Menschen des auditiven Lerntyps allerdings nicht besonders viel mit, im Gegensatz zum vorher besprochenen visuellen Lerntyp. Bilder aus dem Kopf zu rekapitulieren, ist für sie mühsam und anstrengend und auch oft weniger von Erfolg gekrönt.

Charakteristika des auditiven Lerntyps

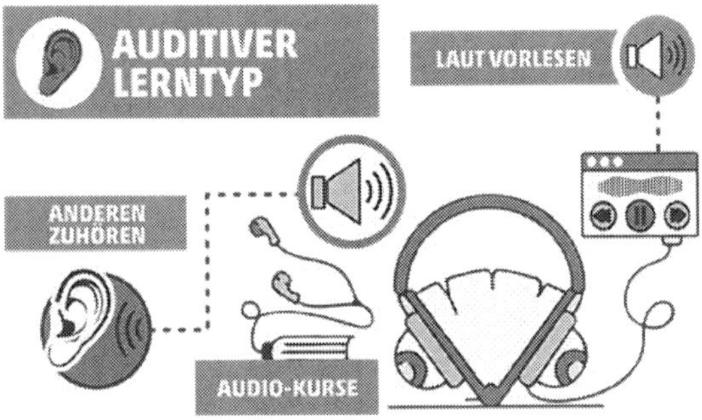

Auch hier gilt es wieder, die optimalen Lernmethoden zu finden, um die richtigen Kanäle bei Ihrem Kind anzusprechen und so das Maximum an Konzentration herauskitzeln zu können. Treffen Sie bildlich gesprochen den richtigen Nerv, fällt Ihrem Kind das Lernen leichter, es hat mehr Motivation und dadurch auch eine höhere Konzentrationsspanne. Nutzen Sie diese Möglichkeiten. Schaffen Sie auch hier wieder die richtigen Voraussetzungen, indem Sie Ihrem Kind einen Arbeitsplatz mit einem förderlichen Umfeld zum Lernen erschaffen. Sie merken, die Strategien sind auch für diesen Lerntyp ähnlich, nur müssen die einzelnen Methoden natürlich an die individuellen Bedürfnisse angepasst werden. Für den auditiven Lerntyp bedeutet das: Minimieren Sie die akustischen Reize, die Ihr Kind ablenken könnten.

Mir ist bewusst, dass Sie zu Hause wahrscheinlich keinen schallisolierten Raum besitzen, in dem Ihr Kind von allen Geräuschen der Außenwelt abgeschirmt ist. Das muss aber auch gar nicht sein. Entwickeln Sie aber ein System, um diese Ablenkungen zu managen. Machen Sie sich bewusst, welche potenziellen akustischen Reize ein Raum besitzt. Jedes Zimmer hat andere Geräuschquellen. Vielleicht macht die Heizung Geräusche, vielleicht leben Sie direkt an einer Straße, auf der dauerhaft Autos vorbeifahren, vielleicht summt die Lampe oder in der Wohnung über Ihnen leben Menschen, die gerne ihre Musik auf volle Lautstärke aufdrehen. Gerade geräuschsensible Menschen werden durch solch alltägliche akustische Reize leicht aus ihrer Konzentration gerissen. Auch Ihr Kind? Wenn Sie diese Störungsquellen identifiziert haben, finden Sie einen Weg, diese Geräusche entweder zu eliminieren oder sie erträglich zu machen. Erträglich machen bedeutet in diesem Zusammenhang, dass Sie Wege finden sollten, durch die die Geräusche für Ihr Kind weniger präsent werden und entsprechend weniger ablenkend wirken.

Eine gute Möglichkeit ist hier Musik und ganz besonders meditative Musik. Im Internet finden Sie unzählige Playlisten mit Liedern, die eigens zum Lernen oder Meditieren erstellt wurden. Diese Art von Musik ist meist sehr ruhig, minimalistisch und vergleichsweise monoton, wodurch keine neuen Reize geschaffen werden. Das Gehirn gewöhnt sich an die sanften Hintergrundmelodien und blendet sie irgendwann aus. Durch den gleichbleibenden Geräuschpegel werden aber leisere Hintergrundgeräusche wie die Heizung oder die Straße vor dem geschlossenen Fenster weniger prominent und können leichter ausgeblendet werden. Alternativ bietet sich sogenanntes weißes Rauschen an. Der Begriff kommt ursprünglich von alten Radios: Es bezeichnet das Knistern, wenn der Sucher auf keine Frequenz eingestellt ist und deshalb keinen Sender empfängt. Suchen Sie nach weißem Rauschen im Internet, werden Sie feststellen, dass es unzählige Aufnahmen dafür gibt – inzwischen nicht nur mit besagtem Radiorauschen, sondern auch mit anderen monotonen Hintergrundgeräuschen wie Feuerknistern, Meereswellen oder sanftem

Vogelgezwitscher. Es lohnt sich hier auf jeden Fall, verschiedene Geräusche oder Musik auszuprobieren, ob das für Ihr Kind als „Ablenkungsunterdrückung“ funktioniert. Vielleicht verlangt Ihr Kind aber doch nach absoluter Stille. In diesem Fall sollten Sie sich nach geräuschunterdrückenden Kopfhörern oder Ohrstöpseln umsehen. Achten Sie beim Kauf solcher unbedingt auf die genaue Größe und Passform! Ihr Kind soll nicht durch die Kopfhörer die Geräuschwelt unterdrücken, sie aber nicht länger als ein paar Minuten tragen können, weil sie dann schmerzhaft auf die Ohren drücken. Das wäre offenkundig nicht Sinn der Sache.

Haben Sie das richtige Umfeld geschaffen, kommt für diese Menschen als typspezifische Lernmethoden alles in Frage, was über das Hören vermittelt wird. Seien es Hörbücher, Podcasts oder Aufnahmen von Vorträgen – all dies kann dem Zweck dienen. Das Internet bietet uns in dieser Hinsicht die größtmögliche Zahl an Angeboten, wenn wir mit ein wenig Geduld suchen. Und vieles davon ist auch wieder kostenlos. Viele Pädagogen teilen auf Spotify oder ähnlichen Plattformen eine Menge Podcasts zu allen möglichen Themen und zumindest als Einstieg in die Materie sind diese fast immer geeignet. Zur Vertiefung des erlernten Inhaltes hilft dem auditiven Typ außerdem Folgendes: Gehörtes wieder zu reproduzieren. Lassen Sie Ihr Kind beispielsweise beim Lernen laut mit sich selbst reden oder es soll Ihnen erzählen, was es aus seiner Lerneinheit mitgenommen hat. Dadurch werden die sprachproduzierenden Zentren des Gehirns angeregt, Verknüpfungen mit den gedächtnisbildenden Zentren gefestigt und so das Wissen vertieft. Es heißt nicht umsonst, dass man ein Thema erst verstanden hat, wenn man es einer anderen Person erklären kann. Nicht nur wiederholt Ihr Kind durch das laute Erklären alle Fakten, es wird auch schnell klar, wo noch Lücken bestehen und an welchen Stellen es sich lohnt, noch einmal ein wenig genauer ins Gelernte einzutauchen.

Vielleicht hat Ihr Kind auch eine musikalische Seite und hat Spaß daran, sich ein Lied auszudenken, in das es das Gelernte einbaut? Und vielleicht können Sie sich gemeinsam einen Tanz dazu ausdenken? So werden Sie beide garantiert nichts mehr vergessen. Insgesamt sind auch Eselsbrücken immer wieder ein guter Ratschlag für alle Lerntypen. Denken Sie sich mit Ihrem Kind eine Geschichte aus, in der die wichtigsten Fakten eingebaut sind. Soll sich Ihr Kind beispielsweise daran erinnern, wie alt Eisbären werden, kann es sich die Zahl vielleicht besser merken, indem es sich eine kleine Anekdote ausdenkt: Opa Eisbär feiert seinen 25. Geburtstag und pustet dabei 25 Kerzen aus. Oder Sie experimentieren mit verrückten Merksätzen – sicher kennen Sie als Beispiel auch die Eselsbrücke, die die Reihenfolge der Planeten im Sonnensystem veranschaulicht: „Mein Vater erklärt mir jeden Sonntag unsere neun Planeten“ (obwohl diese mit Pluto ja inzwischen leider nur noch halbrichtig ist).

Sie verstehen, was ich damit meine. Unser Kopf kann sich meist absurde Geschichten oder Fakten eingebettet in einen Zusammenhang besser merken, da er den Kontext versteht und so Orientierungspunkte hat, an denen er sich entlanghangeln kann. Trainieren Sie nun auch hier gezielt die Konzentrationsfähigkeit im Zusammenhang mit den auditiven Prägungen Ihres Kindes. Bauen Sie ebenfalls Spiele in den Alltag mit ein. Lesen Sie Ihrem Kind eine Geschichte vor und lassen Sie es die Geschichte anschließend aus dem Gedächtnis nachmalen. Es schult so seine Konzentration, denn um das Bild später so genau wie möglich malen zu können, muss Ihr Kind erst einmal gut zuhören. Oder Sie lassen es direkt eine Art Comic daraus machen, also die Geschichte in mehreren Bildern nacherzählen – natürlich abhängig davon, was Ihrem Kind Spaß macht. Indirekt können Sie auch die akustische Konzentration schulen über Spiele wie das Folgende: Verbinden Sie Ihrem Kind die Augen und stellen Sie ein Wasserglas auf den Tisch. Nun füllen Sie das Glas mit Wasser und Ihr Kind soll anhand des Geräusches Bescheid sagen, wenn es denkt, dass das Glas gefüllt ist. Sie können dieses Spiel auch als einen kleinen Wettbewerb mit mehreren veranstalten – derjenige, bei dem das Glas am meisten gefüllt wird, ohne überzulaufen, gewinnt.

Auch Spiele wie Blinde Kuh (das kennen Sie bestimmt) oder Stille Post schulen die Konzentration: Sie bilden mit mehreren Menschen einen Kreis, einer beginnt und flüstert dem Nachbarn ein Wort oder einen Satz ins Ohr, dieser wiederholt den Satz wiederum flüsternd seinem Nachbarn ins Ohr und so weiter. Nach einigen Runden sagt dann einer aus der Runde, was bei ihm angekommen ist – meist hat das nicht mehr viel mit dem Anfangssatz zu tun. Das ist aber für die Konzentrationsschulung gar nicht von Bedeutung, wichtig ist nur, dass der akustische Kanal gefördert wird und der Fokus auf diesen. Auch für den akustischen Lerntyp gibt es sicherlich noch unzählige weitere Spiele, die die Konzentration fördern können. Werden Sie kreativ und probieren Sie sich aus! Es wird sicher Spaß machen.

Drei knackige Tipps – kurz und bündig

1. Finden Sie die richtige Lernmethode. Der auditive Typ mag alles, was er hören kann: Podcasts, Hörbücher, Sprachaufnahmen, Vorlesen und so weiter. Videos bieten eine hervorragende Schnittstelle zwischen Sehen und Hören. Hier habe ich ein besonderes Video für Sie, das Ihnen noch mehr Übungen und Ratschläge gibt: Scannen Sie den QR-Code ein.

2. Eliminieren Sie auditive Ablenkungen. Entweder durch Stille, weißes Rauschen oder Musik. Finden Sie heraus, was Ihrem Kind hier liegt.

3. Spielen Sie auditiv fördernde Spiele: Stille Post, Wasserglas füllen, Geräusche erraten. Lern-CDs bieten eine ideale Möglichkeit, sich auf das Zuhören zu konzentrieren. Besonderen Erfolg bieten Lieder in Reim-Form mit viel Refrain zum Mitsingen. Werden Sie kreativ!

Der motorische Lerntyp

„Fühl mal!": Haptische Reize für sich nutzen

Der letzte Lerntyp aus dem Modell nach Frederic Vester, dem wir uns nun widmen möchten, ist der haptische Lerntyp. Es ist der letzte, den man mehr oder weniger eindeutig einer Sinnesmodalität zuordnen und für den man entsprechend spezifische Ratschläge erteilen kann. Dieser Lerntyp in seiner – salopp ausgedrückten – Reinform macht den bedeutend geringsten Anteil an den Lerntypen aus. Er ist dennoch nicht weniger wichtig, denn zählt Ihr Kind dieser Kategorie Lerntyp an, müssen Sie auch die Möglichkeit der richtigen Förderung bekommen. Entsprechend dem visuellen Typ, der ja vor allem über optische Reize lernt, und dem auditiven Typ mit akustischer Prägung, ist die Sinnesmodalität des haptischen Typs der Tast- oder Gefühlssinn. Dabei können Sie Tast- und Gefühlssinn eher als Überbegriff dafür sehen, dass dieser Lerntyp Inhalte am besten erinnern kann, die er in irgendeiner Form *erleben* konnte. Diese Menschen möchten alles selbst ausprobieren und die Prozesse verstehen und am liebsten selbst umsetzen, um sie zu verinnerlichen. Sie können sich im Gegensatz zum visuellen und zum akustischen Typ theoretisch erlernte Inhalte über deren Kanäle nicht gut einprägen. Sie sind sozusagen die Handwerker unter den Lernern: Sie wollen etwas *machen,* anstatt nur theoretisch zu lernen.

Dies kann einige Herausforderungen mit sich bringen. Nicht alles, was Ihr Kind lernen muss, lässt sich praktisch erleben und wortwörtlich begreifen, beziehungsweise ist dafür nicht immer die Zeit oder die Möglichkeit vorhanden. In diesem Fall ist es wichtig, einen Weg zu finden, das Gelernte auch ohne direktes

Anschauungsmaterial so praktisch begreiflich wie möglich zu machen. Nicht immer eine leichte Aufgabe, die oft viel Kreativität und Geschick erfordert.

Charakteristika des haptischen Lerntyps

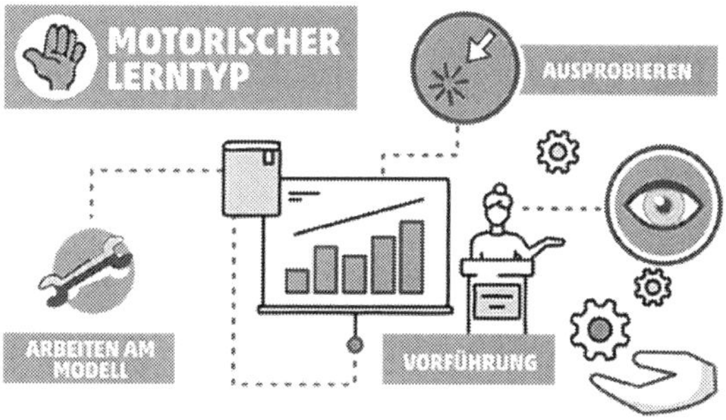

Versuchen Sie grundsätzlich, so viele der Lerninhalte wie möglich für Ihr Kind dieses Typs in einen alltäglichen, praktikablen Kontext einzubetten. Machen Sie Ihrem Kind immer wieder bewusst, wann und wo es bestimmte Fakten oder Details nutzen kann, warum sie von Bedeutung sind und wie es diese einsetzen kann – und zwar am besten bei Dingen, die Ihr Kind auch interessieren! Wozu muss das Kind rechnen lernen? Damit es beim Einkaufen spielen die richtigen Preise bestimmen kann. Wozu soll es Lesen und Schreiben können? Damit es irgendwann selbst Bücher lesen kann. Warum lernen, welche Pflanzen es in Deutschland gibt? Um zu wissen, wovon die Tiere im Wald sich ernähren. So oder so ähnlich. Finden Sie Ansatzpunkte aus dem Leben und den Hobbys Ihres Kindes und machen Sie ihm das Lernen schmackhaft! Versuchen Sie auch, die Lerneinheiten so interessant und so praktisch wie möglich zu gestalten. Ihr Kind lernt am besten, indem es Sachverhalte erlebt und anfassen kann

– sorgen Sie für Material, welches das ermöglicht. Verbinden Sie Erlebnisse mit dem Gelernten. Soll Ihr Kind beispielsweise für den Heimat- und Sachkundeunterricht lernen, welche Bäume es in Deutschland im Wald gibt und wie die Blätter sich unterscheiden, gehen Sie mit ihm in den nächsten Wald oder Park und suchen Sie Anschauungsmaterial. Sammeln Sie Blätter von so vielen Bäumen wie möglich, lassen Sie Ihr Kind die Blätter in sein Heft zum Eintrag dazu kleben und immer wieder anfassen. Machen Sie es auf bestimmte Gegebenheiten aufmerksam: Wie groß ist das Blatt eines Ahorns im Vergleich zur Hand Ihres Kindes? Wie fühlt sich die Oberfläche an, eher glatt oder eher rau? Welche Farbe und sonstige Beschaffenheit hat das Blatt? Derartiges Anschauungs- und begreifbares Material erleichtert es Kindern des haptischen Typs ungemein, sich an Gelerntes zu erinnern. Sie werden wissen, welches Blatt sie unter welchem Baum gefunden haben, sie werden sich an die Rinde und deren Besonderheiten erinnern und darüber wiederum wissen, wie der Baum hieß.

Auch mit Kindern des haptischen Typs lohnt sich das Basteln eines Lernplakats, ebenso wie wir es bereits beim visuellen Typ besprochen haben. Der Vorgang des Bastelns vereint die besonderen Begabungen des haptischen und visuellen Typs perfekt und hilft, sich später genauer zu erinnern, was auf dem Lernplakat stand, was wichtig und was weniger wichtig war. Manchmal jedoch ist es nicht möglich oder nicht besonders sinnvoll, zu basteln oder Anschauungsmaterial zu besorgen. Das macht es schwieriger für den haptischen Lerntyp, aber auch hier gibt es einige Tricks, die Sie anwenden können. Grundsätzlich ist es nachgewiesen, dass unser Gehirn besser arbeitet, wenn wir uns in Bewegung befinden. Bewegung heißt hier nicht, dass Sie mit Ihrem Kind während des Lernens Joggen gehen müssen. Wir sprechen hier von moderater Bewegung. Durch die körperliche Aktivität werden die Muskeln beansprucht und sie benötigen mehr Sauerstoff, um zu funktionieren. Das veranlasst das Herz als Motor des Körpers schneller zu schlagen, um diese Versorgung sicherzustellen. Mehr Blut wird durch den Körper gepumpt, mehr Sauerstoff transportiert und entsprechend kommt auch mehr Sauerstoff im Gehirn an. Je mehr Sauerstoff ankommt, desto besser arbeiten die Nervenzellen. Soweit logisch, oder?

Gerade Menschen des haptischen Typs profitieren enorm von leichter Bewegung beim Lernen. Es aktiviert ihre motorischen Gehirnzentren und die Verbindungen, die sie zu anderen Gehirnregionen haben. Ebenfalls minimiert leichte Bewegung die Gefahr von Ablenkungen. Versuchen Sie also einmal, mit Ihrem Kind auf einen kleinen Spaziergang zu gehen und dabei die Lerninhalte zu besprechen. Oder lassen Sie es einfach während des Lernens in der Küche auf und ab laufen. Schon solch geringe Bewegungen machen es dem haptischen Typ viel leichter, sich auf den Stoff zu konzentrieren und ihn so auch zu behalten. Oder denken Sie sich gemeinsam einen Tanz und ein Lied aus, das die wichtigsten Lernelemente beinhaltet und Ihr Kind so daran erinnert. Während eines Tests wird Ihr Kind aber nicht einfach aufstehen können, um durch das Umhergehen sein Gehirn „anzukurbeln". Für diese Situationen müssen wir einen anderen Weg finden. Versuchen Sie es in diesem Fall einmal mit kleinen Tricks wie diesem: mit den gelernten Inhalten bestimmte Bewegungen der Finger zu verknüpfen. Beim Lernen der Buchstaben in der ersten Klasse kann Ihr Kind die Buchstaben einfach mit den Händen in die Luft malen oder auf die Tischplatte. Geht es um komplexere Vorgänge, kann es diese mit den Händen simulieren. Als Beispiel: Soll Ihr Kind sich ein Rezept merken, darf es mit den Händen die Vorgänge nachmachen. Zuerst kommt das Mehl in eine Schüssel, danach die Milch, dann zwei Eier, der Teig wird mit dem Mixer verrührt und so weiter. Die Simulation mit den Händen hilft Ihrem Kind, sich die Prozesse zu vergegenwärtigen und nichts zu vergessen, denn eine Handlung folgt der nächsten.

Konzentration kann für den haptischen Typ ein großes Thema sein, denn überall, wo er sich aufhält, lauern potenzielle Ablenkungen. Schon eine Tischplatte auf Holz trägt die „Gefahr", dass Ihr Kind sich im Relief verliert. Beim Lernen hat sich deshalb für manche Kinder Folgendes bewährt: Geben Sie Ihrem Kind unter kontrollierten Bedingungen einen Gegenstand, mit dem es beim Lernen die Hände beschäftigen darf. Dieser Gegenstand sollte möglichst wenig aufregend sein und nicht selbst zur Ablenkung werden. Geeignet sind beispielsweise Stressbälle oder ein kleines Stück Knete. Stressbälle kennen Sie sicher auch, es sind kleine, mit Mehl oder Schaumstoff gefüllte Bälle, die sich gut zwischen den Fingern in verschiedene Formen drücken lassen. Mit diesem kleinen Trick kann Ihr Kind seine Finger beim Lernen bewegen (auch diese Bewegung fördert schon die motorischen Zentren im Gehirn und wirkt daher stimulierend auf die Lernzentren), ohne die Gefahr einer Ablenkung zu riskieren. Auch, wenn Ihr Kind insgesamt ein „Zappler" beim Lernen ist, kann dieser kleine Trick gut Abhilfe schaffen. Anstatt dauerhaft mit den Füßen zu wippen und auf dem Stuhl hin und her zu rutschen, können der Bewegungsdrang kontrolliert und ohne Geräusche befriedigt werden.

Spiele, die die Konzentration des haptischen Lerntyps fördern können, gibt es auch einige. Kennen Sie Tastboxen? Solche gibt es häufig in Kindermuseen, sie können aber auch ganz einfach selbst hergestellt werden. Sie brauchen nur einige Schuhkartons und Gegenstände, mit denen Sie diese befüllen können. Sammeln Sie Bucheckern, Kastanien, Blätter, Steine, Eicheln, Stöcke, Heu, Muscheln oder was auch sonst Ihnen in die Hände fällt. Schneiden Sie in die Kartons ein Loch, so groß, dass Ihr Kind gut die Hand hindurchstecken kann. Es sollte aber noch so klein sein, dass Ihr Kind nicht hineinsehen kann. Legen Sie die Gegenstände in die Kisten und lassen Sie Ihr Kind tasten. Errät es die Gegenstände in den Kisten? Zum Erleben gibt es auch zahlreiche Experimentierkästen, die Sie überall kaufen können. Diese gibt es mit chemischen oder physikalischen Experimenten, mit optischen, mathematischen oder biologischen Aufgaben. Suchen Sie sich heraus, was Ihr Kind gerne tut und welches Gebiet Sie fördern wollen. Sie können die Versuche auch gemeinsam durchführen, auch für Erwachsene sind diese immer wieder interessant und neu. Diese Experimente helfen Ihrem Kind, einen Bezug herzustellen. Sie vermitteln einen Sinn und machen besonders naturwissenschaftliche Themen besser greif- und auch begreifbar. Ihr Kind versteht so viel besser, was beispielsweise Chemie eigentlich ist und wo im Alltag es chemische Reaktionen beobachten kann. Außerdem lernt es Konzentration, denn manche der Experimente in diesen Kästen sind gar nicht so einfach und erfordern Geduld, Ausdauer und ein hohes Maß an Fokus, wenn nichts schief gehen soll.

Sind Ihnen solche vorgefertigten Kästen zu teuer, können Sie auch einmal im Internet suchen. Hier gibt es eine Menge Webseiten, die erklären, wie Sie für Ihr Kind spannende Experimente mit Hausmitteln nachstellen können – oft ohne Geld auszugeben, völlig gefahrenlos und ganz schnell. Eine super Alternative! Insgesamt sind handwerkliche Projekte etwas, das Sie mit Ihrem haptisch veranlagten Kind immer wieder machen können. Basteln Sie aus Kastanien und Streichhölzern kleine Männchen, so wie Sie das in Ihrer Kindheit sicher auch getan haben. Dies fördert die Konzentration und auch die Feinmotorik: Man muss achtsam sein, um die Streichhölzer nicht abzubrechen oder um die Löcher tief genug und an der Stelle zu bohren, an der man sie braucht. Lehren Sie Ihr Kind den Umgang mit Werkzeug und lassen Sie es im Keller ein wenig werkeln. Oder lassen Sie es beim Kochen helfen oder hier ganz die Führung übernehmen. All dies schult die Konzentration und den Fokus.

Wie immer sind Ihnen keine Grenzen bei der Kreativität gesetzt. Vertrauen Sie auf Ihre Intuition: Haben Sie das Gefühl, dass eine Aktivität Ihrem Kind und seiner Konzentration guttun, ist das wahrscheinlich auch der Fall. Fragen Sie auch immer wieder nach eigenen Ideen Ihres Kindes! Alles, was die Motivation Ihres Kindes erhöht, ist förderlich für Konzentration und Lernvermögen. Und manchmal überrascht es uns als Eltern geradezu, auf welch originelle Ideen unsere Kinder kommen. Fördern Sie Ihr Kind und seine Kreativität und auch seine Selbstbestimmtheit. Unsere Kleinsten wissen häufig sehr gut, was sie brauchen.

Drei knackige Tipps – kurz und bündig

1. Finden Sie die richtigen Lernmethoden. Kinder des haptischen Lerntyps wollen alles selbst erleben und erfühlen können! Hier habe ich ein besonderes Video für Sie, das Ihnen noch mehr Übungen und Ratschläge gibt: Scannen Sie den QR-Code ein.

2. Eliminieren Sie Ablenkungen, indem Sie störende Gegenstände entfernen. Manchmal wirken auch kleine Gadgets wie ein Anti-Stress-Ball wahre Wunder.

3. Fördern Sie Kreativität und Konzentration durch Spiele: Ertasten Sie Gegenstände, Basteln Sie, lassen Sie Ihr Kind motorische Lernaufgaben im Alltag übernehmen. Je mehr Ihr Kind anfassen und ausprobieren kann, desto besser. Viel zählen, messen und sortieren lassen. Kleiner extra Tipp sind Lernkisten fürs schnelle Lernen am Esstisch.

Welcher Lerntyp ist mein Kind?

Sie wollten schon immer wissen, welcher Lerntyp Ihr Kind ist? Dieser Test hilft Ihnen dabei, den Lerntyp zu identifizieren. Ist er einmal herausgefunden, so können Sie Ihrem Kind leichter beim Lernen helfen. Aber bitte bedenken Sie eines: Der Test hilft Ihnen nur dabei, die Ausprägung herauszukristallisieren und gibt Ihnen lediglich eine Richtung vor, auf die Sie achten sollten. Machen Sie hier den **kostenlosen** Test: Scannen Sie den QR-Code ein.

Wie Sie Über- und Unterforderung bei Ihrem Kind vermeiden können

Ihr Kind befindet sich wahrscheinlich mit seinen sechs, sieben oder acht Jahren gerade in dem Alter, in dem es in die Schule kommt oder gerade die ersten Jahre der Schule meistert. In diesem Alter passiert es zum ersten Mal, dass Sie Ihr Kind in eine Gruppe Gleichaltriger schicken, in der Leistungen verstärkt verglichen werden. Spätestens, wenn die ersten Noten vergeben werden, lässt sich das kaum mehr vermeiden. Die Kinder tauschen sich untereinander aus, welche Fehler sie gemacht haben, wo sie hohe Punktzahlen erreicht haben und was sie vielleicht perfekt gelöst haben. Dabei ist es meist so, dass die Kinder in bestimmten Fächern sehr gut sind, in anderen mittelmäßig und in ein oder zwei Fächern etwas größere Schwierigkeiten haben. Das ist vollkommen normal und gut so, denn jedes Kind bringt eigene Stärken mit, unterschiedliche Fähigkeiten und Begabungen. Bei den meisten Kindern ist es aber auch so, dass sie insgesamt mit ihren Noten etwa im Durchschnitt liegen – logisch.

Dann gibt es aber auch immer wieder Kinder, die weit über oder unter dem Durchschnitt liegen. Egal in welche Richtung, auch das ist normal und nichts Schlimmes! Es bedeutet nicht, dass diese Kinder weniger intelligent sind, es bedeutet nur, dass sie eine andere Förderung benötigen als die meisten Kinder, um ähnliche Leistungen zu erbringen. Dafür haben diese Kinder aber oft andere Begabungen, die in der Schule leider nicht genug Beachtung erfahren. Vielleicht sind sie künstlerisch, handwerklich oder kreativ sehr begabt, auffällig musikalisch oder außergewöhnlich sportlich, tun sich dafür aber in Mathe oder Deutsch schwer. Die Gründe dafür sind vielfältig und nicht immer beeinflussbar. Die Herausforderung bei Kindern mit besonders hohen Begabungen und Kindern mit vielen schulischen Schwierigkeiten ist, eine gute Lösung zu finden, sie in die Klassenstrukturen einzugliedern, ohne dass sie anfangen, sich zu langweilen oder überfordert zu fühlen. Wir können nicht beeinflussen, welche Kinder mit unserem Kind in einer Klasse sitzen und wir müssen in Teilen auf den Lehrer oder die Lehrerin vertrauen, dass sie die Begabungen der einzelnen Kinder erkennen und fördern, so gut es eben geht.

Die Schule ist dafür da, um unsere Kinder zu fördern, aber auch zu fordern. Lernen ist nicht immer leicht und muss es auch nicht immer sein, ein gewisser Grad an Herausforderung ist nötig und sogar etwas Gutes. Die Kinder lernen so, Selbstvertrauen aufzubauen, wenn sie etwas erfolgreich meistern, aber auch selbstkritisch zu hinterfragen, wo ihre Schwächen liegen. Doch was ist zu viel, was zu wenig an Forderung? Wo liegt die Grenze zur Über- oder zur Unterforderung?

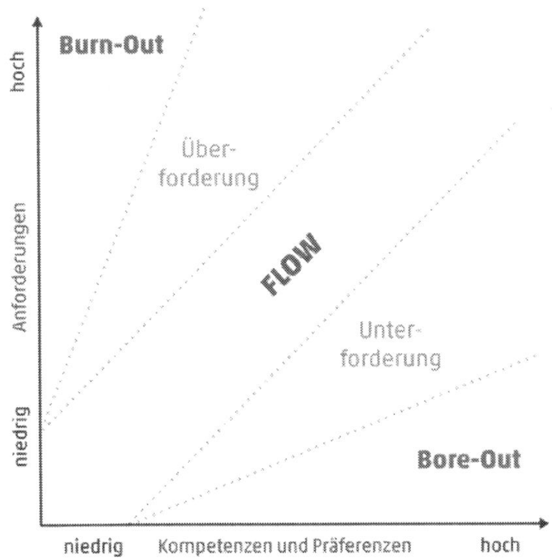

Das ist nicht so leicht zu beantworten. Fakt ist aber, dass sowohl Überforderung als auch Unterforderung schwerwiegende Folgen haben können. Beim Erwachsenen würden wir im Falle einer dauerhaften Überforderung irgendwann von einem Burnout sprechen, bei dauerhafter Unterforderung gegenteilig von einem Boreout. Auch wenn beide Formen unterschiedliche Ursachen und pathologische Mechanismen haben, ähneln sie sich in ihrer Ausprägung doch erstaunlich viel. Die betroffenen Kinder werden motivationslos, müde und – am schlimmsten für unseren Zweck – verlieren die Lust am Lernen. Sie können sich nicht mehr konzentrieren und neigen zu destruktivem Verhalten sich selbst oder ihren Mitschülern gegenüber. Verallgemeinert ausgedrückt sind das die Störenfriede in den Klassen, die Klassenclowns und die Kinder, die sich selbst und die anderen mit Blödsinn ablenken. Natürlich haben Sie als Eltern Ihren Einflussbereich hauptsächlich zu Hause. Sie können in Ihrem normalen Umfeld intervenieren und vielleicht noch bei den Hausaufgaben. Dabei, wie der Unterricht abläuft, haben Sie nur ein begrenztes Mitspracherecht. Um dort aber trotzdem sicherzustellen, dass Ihr Kind die optimale Förderung erhält, besonders, wenn es zu Über- oder Unterforderung neigt, ist eines besonders wichtig: eine gute Kommunikationsbasis mit der Lehrerin oder dem Lehrer. Versuchen Sie, regelmäßig mit ihm oder mit anderen beteiligten Pädagogen ins Gespräch zu kommen und herauszufinden, ob Ihr Kind in der Schule Schwierigkeiten hat und wenn ja, welche genau. Lehrer und Pädagogen haben in der Regel ein gutes Gespür dafür, wie Ihr Kind aufgestellt ist, ob es sich mit dem Lehrstoff (zu) leichttut oder (zu) schwer. Und meist werden sie auch schon eigene Erfahrungen habengesammelt, Tricks und Methoden, wie sie mit über- oder unterforderten Kindern umgehen können.

Wirksame Methoden gegen Über- oder Unterforderung

Nun möchte ich einige Ratschläge mit Ihnen teilen, die meiner Ansicht nach wertvoll für Kinder mit speziellen Förderungsbedürfnissen sind. Teilweise können Sie diese zu Hause anwenden und Ihrem Kind so helfen, einen gewissen Grad an Selbstwirksamkeit beizubringen, teilweise lohnt es sich aber auch, mit den Lehrern darüber zu sprechen, ob einige der Tipps im Unterricht umgesetzt werden können. Das richtige Niveau an Schwierigkeit beim Lernen für das individuelle Kind zu finden, ist fundamental dafür, dass das Kind sich optimal konzentrieren kann, sich nicht ablenken lässt und so effizient und mit Spaß lernen kann. Ein bewährtes Konzept ist die Arbeit mit sogenannten Lernplänen.

Altersgerechter Lernplan

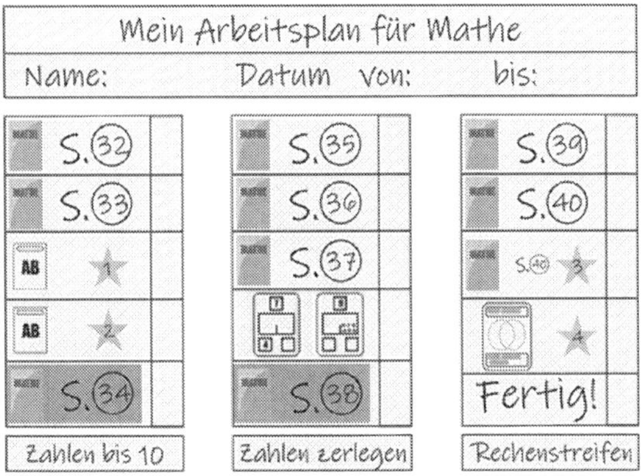

Diese Lernpläne werden für eine gewisse Zeitspanne vorgegeben. Die Kinder bekommen also einen Abgabetermin, zu dem sie die Aufgaben fertiggestellt haben müssen. Wie sie sich die Zeit aber einteilen, steht ihnen mehr oder weniger frei. Sinnvollerweise werden in diesem Lernplan Aufgaben vorgegeben, die obligatorisch zu erledigen sind, die also alle Kinder gleichermaßen bearbeiten müssen und Zusatzaufgaben, die nur zu erledigen sind, sofern das Kind noch Zeit dafür hat. Kinder mit höheren Begabungen auf dem jeweiligen Gebiet werden vermutlich mit den obligatorischen Aufgaben schneller fertig werden als der Durchschnitt und dann noch Zeit für die zusätzlichen Aufgaben haben. Deshalb dürfen diese vom Niveau her ruhig auch etwas anspruchsvoller sein als die vorherigen Aufgaben.

Der Vorteil solcher Lernpläne liegt einerseits darin, dass jedes Kind sich individuell so viel Zeit für die jeweilige Aufgabe nehmen kann, wie es benötigt. Jedes Kind hat andere Baustellen und andere Schwierigkeiten zu überwinden und braucht an unterschiedlicher Stelle unterschiedlich viel Zeit. Diese kann es sich so nehmen, ohne unter Zeitdruck zu geraten. Am Ende kommt es nicht darauf an, wo es länger Zeit gebraucht hat, sondern nur auf das Endergebnis. Andererseits ist ein großer Vorteil, dass hier Pausen sehr gut und eigenständig eingebaut werden können. Erinnern Sie sich einmal zurück an das Kapitel zu Pausen und Regeneration: Es ist wichtig, in regelmäßigen Abständen Erholungsphasen einzurichten, um die Konzentration wieder neu aufzutanken. Dadurch, dass das Tempo und die Zeiteinteilung durch das Kind selbst bestimmt werden können, können auch die Pausen sinnvoll integriert werden.

1. Bonus: Der perfekte Lernplan für Schüler – * Scannen Sie den QR-Code ein.

2. Bonus: Wie Sie einen Lernplan in 5 einfachen Schritten selber gestalten können – Scannen Sie den QR-Code ein.

Hilfestellung

Dennoch dürfen Sie diese Methode nicht als Selbstläufer interpretieren: Es ist durchaus wichtig, dass das Kind immer wieder kontrolliert wird, sein Fortschritt durch Sie oder den Lehrer überwacht und wenn nötig interveniert wird und vor allem, dass bei Fragen jederzeit ein Ansprechpartner zur Seite steht. Nichts stört die Konzentration Ihres Kindes mehr, als wenn es eine Aufgabe nicht versteht und niemand da ist, um ihm zu helfen. In diesem Moment gerät das Kind wieder in ein Gefühl der Überforderung, was sich sehr schnell negativ auf die Motivation ausübt und dann auch die Konzentration abzieht. „Wenn ich es nicht verstehe, kann ich mich auch genauso gut mit etwas anderem beschäftigen" – das ist die Gefahr. Also: Lassen Sie Ihr Kind möglichst eigenständig arbeiten und seine Zeit und die Aufgaben selbstständig einteilen, aber stehen Sie mit Rat und Tat zur Seite, wenn Sie gebraucht werden.

Gruppenarbeit

Positiv können auch Gruppenarbeiten sein: Hierbei können sich die Kinder gegenseitig austauschen, motivieren und sich unterstützen. Achten Sie darauf, dass es ein Geben und Nehmen ist. Schwächere Schüler werden schnell demotiviert, wenn sie das Gefühl haben, immer den Kürzeren zu ziehen. Diese Methode ist aber durchaus genau dafür auch wertvoll: Die Kinder sehen, auf welchem Niveau sich die anderen Kinder befinden, dass das völlig normal und gut ist.

Denken wir noch einmal zurück an die vorherigen Kapitel: Erinnern Sie sich an die verschiedenen Lerntypen. Diese können wir hier auch einbeziehen, um den Kindern im Angesicht ihrer individuellen Begabungen verschiedene Lösungswege für bestimmte Probleme anzubieten. Meist kommt es nicht darauf an, wie eine Herausforderung gemeistert wird, sondern dass das Endresultat stimmt. Entsprechend können und sollten wir den Kindern die Freiheit geben, eigene Lösungsansätze zu verfolgen und zu finden. Um Ihnen zu verdeutlichen, was ich meine, stellen Sie sich bitte folgendes Beispiel vor: Das zu lösende Problem ist die Aufgabe, alle Möglichkeiten zu finden, zehn Euro zu bezahlen – mit Scheinen, Ein-Euro-Münzen und Zwei-Euro-Münzen. Die Kinder bekommen Spielgeld zur Verfügung gestellt, Stifte und

Papier. Manche Kinder werden das Spielgeld nutzen, um die verschiedenen Möglichkeiten auszuprobieren und so die richtige Lösung finden. Andere werden sich die Lösungen vielleicht aufmalen. Eine andere Gruppe nimmt vielleicht die Finger zu Hilfe und wieder andere reden für den Lösungsweg vielleicht mit sich selbst. Welcher Lösungsweg Ihrem Kind intuitiv und sinnvoll erscheint, hängt einerseits damit zusammen, welcher Lerntyp (also visuell, auditiv oder haptisch) es ist, andererseits aber auch mit anderen Begabungen und Fähigkeiten. Auch lässt sich beobachten, dass manche Kinder schneller und besser allein zurechtkommen, und dass andere eher den kommunikativen Weg über die Teamarbeit schätzen. All das ist in Ordnung! Es geht vor allem darum, dass Sie dem Kind die Zeit geben, seine eigenen Wege zu suchen, eines Problems Herr zu werden.

Selbstreflektion

Kommunizieren Sie anschließend mit Ihrem Kind über die verschiedenen Lösungswege. Warum hat es den Weg gewählt, den es gegangen ist und warum hat es keine der anderen Methoden versucht? Was wäre sein alternativer Plan gewesen? Wie haben es andere Kinder gelöst? Ihr Kind lernt so eine Menge über sich selbst, darüber, welche Techniken für es gut funktionieren, und merkt auch selbst, bei welchen Methoden es sich gut konzentrieren kann und bei welchen eher weniger. Davon wird es in Zukunft profitieren – umso mehr, je selbstständiger es mit der Zeit arbeiten muss. Geben Sie Ihrem Kind Freiräume, um sich auszuprobieren. Das steigert die Motivation und zeigt Ihrem Kind, dass Lernen auch Spaß machen kann. Es geht nicht immer nur darum, möglichst schnell und effizient zum Ziel zu gelangen, und auch nicht darum, eine elegantere oder schnellere Lösung als die anderen zu finden. Es geht darum, dass es einen eigenen Weg findet. Denn je besser der Weg zu Ihrem Kind passt, desto besser wird es sich konzentrieren können und desto größer werden die Erfolge sein. Und das ist doch das Ziel, das wir erreichen möchten.

Drei knackige Tipps – kurz und bündig

1. Haben Sie den Verdacht, Ihr Kind wäre über- oder unterfordert, kommen Sie ins Gespräch mit anderen Bezugspersonen des Kindes.

2. Gestalten Sie das Lernen so individuell wie möglich. Arbeitspläne bieten sich an!

3. Es ist in Ordnung, wenn Ihr Kind nicht dem Durchschnitt entspricht, ganz egal, in welche Richtung! Zeigen Sie Ihrem Kind Ihre bedingungslose Unterstützung bei allen Schwierigkeiten.

Lernstörungen und ihr Einfluss auf die Konzentration

Dieses letzte Kapitel soll noch einige sehr spezifische Punkte ansprechen: Es soll um Lernstörungen und ihren Einfluss auf die Konzentration und die Lernfähigkeit bei Kindern gehen. Diese Themen sind äußerst umfangreich und können sicherlich nicht auf wenigen Seiten abschließend erörtert werden. Sollten Sie also ein Kind haben, das nachgewiesenermaßen ADHS oder eine andere Lernstörung hat oder sollten Sie dies vermuten, lohnt es sich in jedem Fall, einen Spezialisten auf diesem Gebiet aufzusuchen und sich von ihm genau abgestimmte Ratschläge zu holen und/oder sich ein Buch speziell für diese Herausforderungen zu kaufen. Da ADHS und andere Lernstörungen aber immer häufiger diagnostiziert werden und deshalb zunehmend an Relevanz in unserer Gesellschaft gewinnen, habe ich entschieden, dass sie auch in diesem Ratgeber einen Platz bekommen sollten. Schwerpunktmäßig werde ich in diesem Kapitel auf ADHS eingehen, da es die häufigste Diagnose aus dem Spektrum der Lernstörungen ist, und auch einen enormen Einfluss auf die Konzentrationsfähigkeit hat. Viele Ratschläge lassen sich aber auch auf andere Lernstörungen übertragen, es lohnt sich also trotzdem, dieses Kapitel aufmerksam zu lesen.

Was ist ADHS?

Die Abkürzung ADHS steht für Aufmerksamkeitsdefizit-Hyperaktivitätssyndrom. Diese Lernstörung ist schon seit langer Zeit bekannt, nur leider wurden in früheren Zeiten die betroffenen Personen (meist Kinder) missverstanden und entsprechend nicht richtig gefordert. Sie zählten in der Vergangenheit häufig als Störenfriede, als Schwererziehbare, wenn nicht gar Schwachsinnige. Bis ins 20. Jahrhundert hinein wurden diese Kinder in Internate oder Schulen für problematische Jugendliche gesteckt, die Eltern wurden bemitleidet oder peinlich berührt angesehen. Die Kinder bekamen leider oft nicht die Hilfe, die sie nötig gehabt hätten. Erst seit einigen Jahrzehnten hat sich das Verständnis für diese Lernstörungen gebessert, doch auch heute noch gibt es viele Gerüchte und Halbwahrheiten innerhalb der Gesellschaft, die den betroffenen Kindern das Leben schwer machen. Meist wird die Diagnose ADHS gestellt, kurz bevor die Kinder in die Schule kommen oder innerhalb der ersten Schuljahre. Das liegt vor allem daran, dass in dieser Zeit die Kinder zum ersten Mal ruhig sitzen und über längere Zeit konzentriert lernen sollen – können sie das nicht, fällt das zu diesem Zeitpunkt auf.

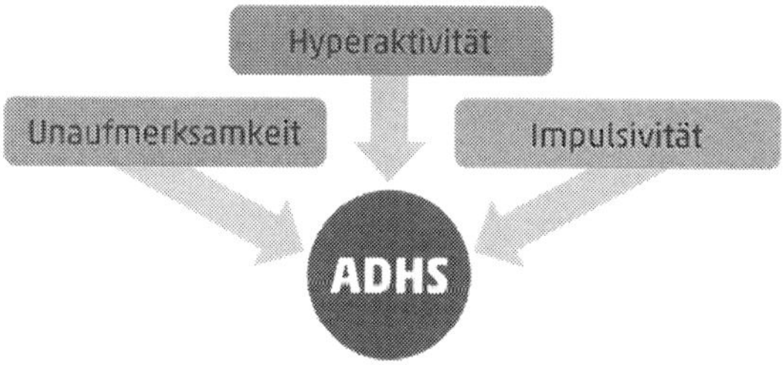

Die Hauptsymptome der Störung ADHS sind eine verringerte Aufmerksamkeitsspanne, impulsives Verhalten und eine motorische Hyperaktivität. Die Kinder können sich nicht lange auf eine Aufgabe fokussieren, werden leicht abgelenkt von scheinbar nichtigen Reizen, sind zappelig und unruhig. Mit zunehmendem Alter nimmt die körperliche Unruhe oft ab und verlagert sich nach innen: Bei betroffenen Jugendlichen und Erwachsenen dominieren Nervosität, Fahrigkeit und Ängste. Dabei ist der Übergang von starker, aber noch normaler Ausprägung dieser Symptome bis zur manifesten Diagnose fließend, eine Abgrenzung ist schwer zu treffen. Hierbei muss der eigene Leidensdruck berücksichtigt werden: Inwiefern ist das Kind eingeschränkt durch seine Symptome oder hat es noch Wege, um diese zu kompensieren?

Welche spezifische Förderung ist bei ADHS sinnvoll?

Findet man die richtigen Förderungswege, ist die Störung ADHS, ebenso wie andere Lernstörungen oft gut in den Griff zu bekommen. Das bedeutet nicht, dass die Kinder geheilt werden, wohl aber, dass sie die richtigen Strategien erlernen, um mit den Herausforderungen besser umzugehen. Darauf kommt es an! Erfolgsversprechend sind da oft eine Kombination aus Lern- und Konzentrationstraining, Psychotherapie bei erfahrenen Kinderpsychologen und unter Umständen (abhängig von der Schwere der Symptome) eine medikamentöse Therapie. Was den betroffenen Kindern beim Lernen häufig zum Verhängnis wird ist Folgendes: Sie sehen, dass sie sich aufgrund ihrer geringeren Aufmerksamkeitsspanne deutlich schwerer tun, in der gleichen Zeit die gleichen Fortschritte zu machen wie andere Kinder. Dies liegt nicht daran, dass sie weniger intelligent sind oder dergleichen. Im Gegenteil: Studien belegen, dass Kinder mit ADHS im Durchschnitt einen ebenso hohen Intelligenzquotienten haben wie Kinder ohne diese Störung. Sie tun sich aber schwerer, weil sie äußeren Reizen gegenüber sensibler reagieren, somit schneller von ihrer Aufgabe abgelenkt werden und deshalb länger brauchen. Sie verlieren den roten Faden und schweifen mit den Gedanken ab. Logischerweise führt das schnell dazu, dass diese Kinder sich als schlechter als die anderen Kinder wahrnehmen. Hinzu kommt, dass Kinder mit ADHS häufig Sätze wie folgende zu hören bekommen: „Du guckst immer nur in die Luft!" oder „Nie hörst du zu!" oder „Du träumst ja schon wieder!" oder „Konzentrier dich endlich mal!"

Solch unbedacht ausgesprochene Sätze lösen in einem Kind schnell das Gefühl aus, den gestellten Herausforderungen nicht gewachsen zu sein und dass die Menschen in seinem Umfeld nicht an sein Können glauben. Es verliert das Selbstbewusstsein und die Selbstkompetenz und glaubt irgendwann selbst nicht mehr an sich und seine Fähigkeiten. Das wiederum lässt die Motivation und auch die Frustrationsschwelle sinken: Das Kind wird schon nach wenigen gescheiterten Versuchen aufgeben und denken, dass es der Herausforderung sowieso nicht gerecht werden könne und es gar nicht erst weiter versuchen. Solche Misserfolge bestärken die negativen Glaubenssätze nur noch mehr, das Kind gerät in eine Spirale aus negativen Gefühlen dem Lernen und sich selbst gegenüber. Es wird auf Dauer mit verstärkter Reizbarkeit und Aggressivität reagieren.

Unterbrechen Sie diese Spirale!

Grundsätzlich sind alle Tipps und Ratschläge, die wir über die letzten Kapitel gesammelt haben, auch wertvoll für Kinder mit ADHS. Sie können sie genauso nutzen, eventuell etwas modifiziert. Speziell auf das Problem mit der niedrigeren Frustrationsschwelle bezogen, sollten Sie aber einige Tipps beherzigen, um diese Herausforderung in den Griff zu bekommen. Fördern Sie das Selbstbewusstsein Ihres Kindes! Zeigen Sie ihm, dass Sie an es glauben, dass Sie sich seiner Fähigkeiten bewusst sind und dass sie seine Schwierigkeiten verstehen können. Akzeptanz ist der erste und wichtigste Schritt in der Unterstützung Ihres ADHS-betroffenen Kindes. Loben Sie gezielt, wenn Ihr Kind etwas gut macht. Versuchen Sie, die oben genannten negativen Sätze zu ersetzen und nicht auf das hinzuweisen, was bei Ihrem Kind vielleicht nicht so gut funktioniert, sondern versuchen Sie vielmehr, gutes Verhalten und konzentriertes Arbeiten hervorzuheben. Zeigen Sie, dass Ihnen auffällt, wenn Ihr Kind etwas gut macht. „Du hast gerade sehr gut zugehört!", wäre ein beispielhafter Satz, der dies zum Ausdruck bringt, ebenso wie „Du wirkst gerade sehr konzentriert, weiter so!" oder „Da hast du gerade wirklich super aufgepasst!"

Bringen Sie Ihrem Kind Wertschätzung bei und belohnen Sie konzentriertes Arbeiten und Fokus. Machen Sie Ihrem Kind bewusst, dass es diese Herausforderungen meistern kann und dass Sie da sind, um es zu unterstützen. Positivität bringt Ihrem Kind mehr als ständige Kritik. Für Kinder gibt es kaum etwas Wichtigeres als das Gefühl, dass die Eltern hinter ihm stehen, ihm vertrauen und es unterstützen. Fördern Sie Ihre positive Beziehung zueinander. So wird Ihr Kind auch eher von sich aus zu Ihnen kommen, wenn ihm etwas Schwierigkeiten bereitet. Hat es Angst, Sie zu enttäuschen, wird es länger warten oder sich vielleicht gar nicht trauen um Hilfe zu bitten. Und das ist für beide Seiten nicht förderlich. Machen Sie Ihrem Kind klar, dass Sie es auch lieben, wenn es etwas nicht kann. Mag sein, dass das für uns Eltern selbstverständlich ist. Trotzdem kommt es für Ihr Kind manchmal anders an. Achten Sie also einmal darauf, wie Sie sich ausdrücken. Loben Sie eher oder kritisieren Sie (wenn auch nur subtil und nicht böse gemeint)? Es liegt auch an uns Erwachsenen, selbstkritisch mit uns umzugehen, wenn wir für unsere Kinder das Beste aus einer Situation herausholen möchten. Nicht nur unsere Kinder müssen an sich arbeiten, um besser und konzentrierter zu lernen, auch wir müssen unseren Teil dazu beitragen, unsere Kinder optimal darauf vorzubereiten. Unterschätzen Sie niemals die Kraft der Worte, die Sie einsetzen. Oder wie es ein altes Sprichwort von Gemma Troy ausgedrückt hat: „Denke immer daran: Deine Worte können Gärten setzen oder ganze Städte niederbrennen.“

Drei knackige Tipps – kurz und bündig

1. ADHS ist eine Störung mit den Hauptsymptomen Hyperaktivität, Unaufmerksamkeit und Impulsivität.

2. Kinder mit ADHS können trotzdem Konzentration erlernen. Sie brauchen nur eine andere (und zum Teil etwas stärkere) Förderung. Mit den richtigen Methoden kommen aber auch sie in einen Flow-Zustand.

3. Das Wichtigste ist Unterstützung! Zeigen Sie Ihrem Kind den bedingungslosen Rückhalt durch Sie!

Abschliessende Worte

Die Lernfähigkeit eines Menschen hängt von verschiedenen Faktoren ab. Die Intelligenz ist nur einer dieser Faktoren. Weitere sind das richtige Umfeld, Ablenkungen und der Umgang mit ihnen, die Lernmethoden und insgesamt die Konzentrationsfähigkeit. Kinder lernen sehr gut und auch sehr schnell, denn sie bringen die besten Voraussetzungen mit: Sie haben viel Energie, sind neugierig und wissbegierig, sie haben eine niedrige Aufmerksamkeitsschwelle für neue Reize und interessieren sich insgesamt für viele Dinge. Sie sind leichter motivierbar als Erwachsene und lieben es meist, Rätsel zu lösen. Woran es ihnen aber oft mangelt, ist eine lange Aufmerksamkeitsspanne. Sie lassen sich leicht ablenken und schweifen mit den Gedanken schnell ab, werden zappelig und unaufmerksam. Dadurch neigen sie zu Flüchtigkeitsfehlern und Ungenauigkeiten. Die gute Nachricht für Sie als Eltern ist, dass die Konzentration trainierbar ist wie ein Muskel. Kennen wir die richtigen Übungen und Spiele, können wir ganz einfach die Konzentrationsfähigkeit unserer Kinder fördern und fordern, verbessern und maximieren. Dadurch steigern wir indirekt auch die Lernfähigkeit unseres Kindes. Es wird schneller und effektiver lernen.

Wir haben innerhalb dieses Ratgebers eine Menge Tipps und Tricks kennengelernt, wie wir eben diese Konzentrationsfähigkeit unserer Kinder einfach und praktisch trainieren können. Dafür haben wir uns zehn verschiedene Faktoren angesehen, die Einfluss auf die Konzentrationsfähigkeit haben und Methoden erarbeitet, die wir im Alltag praktisch anwenden können, um diese zu optimieren.

Zur Erinnerung noch einmal das Wichtigste aus den zehn Methoden:

1. Ernährung und Sport legen den Grundstein dafür, dass Ihr Kind sich konzentrieren kann. Es muss über eine ausgewogene Nahrung mit allen Nährstoffen und mit genügend Energie versorgt werden, damit das Gehirn optimal funktionieren kann. Auch genug Bewegung ist wichtig, da zu viel motorische Energie ebenfalls ein ablenkender Faktor sein kann.

2. Ausgewogenheit zwischen Lernphasen und Pausen ist wichtig. In den Regenerationsphasen leistet das Gehirn die Übertragung von gelernten Inhalten aus dem Kurz- ins Langzeitgedächtnis. Geben wir dem Gehirn nicht genügend Zeit dafür, werden wir das Gelernte schnell wieder vergessen. Außerdem brauchen wir Pausen, um unserem Gehirn die Konzentrationsfähigkeit wiederzugeben. Balance zwischen Entspannung und Arbeit ist hier der Schlüssel. Sehen Sie Pausen also immer als einen obligatorischen Anteil an einer Lerneinheit an, wenn Sie möchten, dass Ihr Kind nachhaltig und effizient lernen kann.

3. Für Ihr Kind spielt es eine entscheidende Rolle, in welchem Umfeld es lernt, wenn es um die Konzentration geht. Ablenkungen lauern überall. Sie werden sie nie ganz ausschalten können, aber sie mit einigen Tricks doch deutlich minimieren. Finden Sie heraus, was Ihr Kind am meisten ablenkt und versuchen Sie, einen geeigneten Platz zu finden, an dem diese Ablenkungen möglichst gering sind. Dabei können Sie ruhig kreativ werden und Ihr Kind in die Entscheidung mit einbeziehen.

4. Motivation spielt eine große Rolle, wenn es um die Konzentrationsfähigkeit geht. Weiß Ihr Kind, wofür es lernt, hat es also ein Ziel und eine Motivation und es wird sich besser konzentrieren können. Sorgen Sie also dafür, dass Ihr Kind im Lernen einen Sinn sieht. Machen Sie die Vorteile für Ihr Kind greifbar und erhöhen Sie so die Konzentration und den Spaß am Lernen.

5. Durch verschiedenste Spiele können Sie auch in den Alltag einfach Konzentrationsübungen einbauen. Alle möglichen Aktivitäten können Ihr Kind lehren, aufmerksam zu sein. Werden Sie kreativ und machen auch Sie mal mit.

6. Speziell für verschiedene Lerntypen gibt es Lernmethoden, die für sie jeweils besonders gut funktionieren. Für den visuellen Lerntyp ist alles gut, was seine visuelle Konzentrationsfähigkeit schult. Besonders wichtig ist es, alle optischen Ablenkungen aus dem Umfeld Ihres Kindes zu entfernen und die richtigen Lernmethoden zu finden. So kann Ihr Kind konzentriert lernen.

7. Ähnliches gilt für den auditiven Lerntyp. Für ihn geht es besonders darum, akustische Reize beim Lernen zu setzen, weil er Inhalte über diesen Kanal am besten behalten kann und so auch am aufmerksamsten beim Lernen bleibt. Auch das können Sie über bestimmte Spiele trainieren und verbessern.

8. Der haptische Typ lernt am besten über das selbst ausprobieren von Sachverhalten und das Erfahren dieser. Finden Sie Möglichkeiten für Ihr Kind dafür! Dann wird es auch die Konzentration nicht verlieren.

9. Über- und Unterforderung haben zwar unterschiedliche Ursachen, resultieren aber beide häufig darin, dass das betroffene Kind die Lust am Lernen und auch seine Konzentrationsfähigkeit verliert. Das ist schade. Seien Sie aufmerksam, ob das bei Ihrem Kind zutreffen könnte, wenn es kein großes Interesse am Lernen zeigt und versuchen Sie Lösungen zu finden, wie Sie Ihr Kind individuell und bedarfsorientiert fördern können. Geben Sie ihm den Spaß am Lernen zurück!

10. Lernstörungen treten immer häufiger auf und sind ein so umfangreiches Thema, dass sie in diesem Ratgeber nur kurz angeschnitten werden konnten. Haben Sie die Vermutung, dass Ihr Kind an einer derartigen Störung leiden könnte, holen Sie sich Hilfe bei einem Experten. Ansonsten können Sie aber beinahe alle Tipps aus diesem Ratgeber auch bei einem lerngestörten Kind anwenden und ausprobieren. Einiges wird sicher auch ihm helfen, konzentrierter und effizienter zu lernen und auch mehr Spaß dabei zu haben!

Vergessen Sie nie, dass Ihr Kind ein Individuum ist und ganz eigene Bedürfnisse und Wünsche hat. Deshalb versteifen Sie sich nicht zu sehr auf bestimmte Details in meinen Ausführungen. Vielmehr sollten Sie sie als Anregungen verstehen, als Inspiration dafür, was Sie mit Ihrem Kind ausprobieren können, um ihm bei der Verbesserung seiner Konzentrationsfähigkeiten zu helfen. Werden Sie selbst kreativ, denken Sie sich Strategien aus, probieren Sie sie aus und verbessern und verändern Sie sie so lange, bis Sie für Ihr Kind perfekt sind. Trauen Sie sich, unkonventionell vorzugehen. Ihr Kind hat jede Hilfe verdient, um Spaß und Freude am Lernen zu haben, denn das ist doch beinahe das Wichtigste daran. Und wer könnte es besser dabei unterstützen als Sie? Niemand!

Deshalb: Sorgen Sie für Spaß bei der Sache. Und ich verspreche Ihnen, dann kommt die Konzentration fast von ganz allein.

Beste Grüße

Angelika Gesberg

Über die Autorin

Angelika Gesberg wurde am 06. November 1979 in Bamberg geboren und lebt heute als Pädagogin und Mutter von drei Kindern in Frankfurt am Main.

Die gelernte Erzieherin hat es sich zur Aufgabe gemacht, Ihr Wissen rund um die Erziehungswissenschaft und Pädagogik auf einfache und für jedermann verständliche Weise zu verbreiten, zu erweitern und in dieser Disziplin bereits bestehende und angewandte Methoden zu optimieren. Ihr Motto: Kinder sind unser Stolz, unsere Zukunft, unsere Hoffnung. Als ältestes von insgesamt fünf Kindern, hat sie bereits früh Verantwortung für ihre jüngeren Geschwister übernommen. Schon damals wusste sie: Ihr Herz schlägt für Kinder und sie möchte sich für ihre bestmögliche Entwicklung auf allen Ebenen einsetzen. Mit 16 Jahren begann sie eine Ausbildung zur Kindergärtnerin in Bamberg, kurz darauf absolvierte sie parallel ihr Fachabitur an der Abendschule, um anschließend Erziehungswissenschaften an der Goethe-Universität in Frankfurt am Main zu studieren. Mit ihrer Diplomarbeit im Fach „Professionelles Handeln in pädagogischen Einrichtungen" erntete Angelika Gesberg großes Lob in akademischen Kreisen, erhielt dafür von der Universität sogar eine einmalige Auszeichnung in Form eines Stipendiums für erweiterte Forschungen zu ihrer Diplomarbeit. Die Autorin führt seit ihrem Studium empirische Studien über die Lernförderung von Kindern und Jugendlichen durch, gibt bundesweit Trainings an Grundschulen und in anderen pädagogischen Einrichtungen und wirkt bereits seit Ihrer Jugend stark in gemeinnützigen Organisationen mit, die sich für die Förderung von Kindern mit Lernschwächen einsetzen.

Weiterführende Literatur

Der Ratgeber für Eltern, Lehrer und Pädagogen

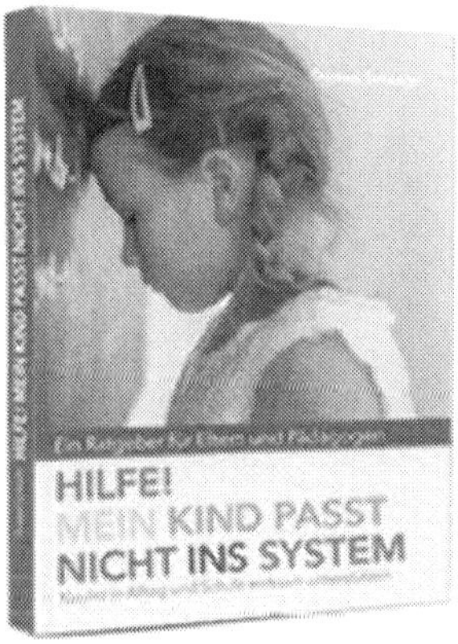

Erfahren Sie von Doreen Schaefer, einer der Expertinnen für Kindercoaching im deutschsprachigen Raum, **wie Sie zu Hause und in der Schule Ruhe ins Chaos bringen können.**

Lernen Sie sofort anwendbare Hilfen kennen, die den Alltag mit verhaltensintensiven Kindern spürbar verbessern und die Sie sofort anwenden können.

Erhalten Sie umfassende Hintergründe darüber, wie Kinder wirklich "ticken" und warum viele therapeutische Odysseen so vermeidbar gewesen wären.

Quellenverzeichnis

https://www.studienkreis.de/biologie/nervenzelle-aufbau/

https://www.fz-juelich.de/portal/DE/Presse/beitraege/2020/2020-01-16-synapsen/2020-01-16-synapsen.html

https://www.neurologen-und-psychiater-im-netz.org/gehirn-nervensystem/entwicklung/

https://link.springer.com/chapter/10.1007/978-3-662-56468-4_11

https://www.dr-boehm.at/produkt/gedaechtnis-aktiv-gutes-gedaechtnis-gesunde-gehirnalterung/

https://www.netdoktor.de/symptome/konzentrationsschwaeche/

https://www.bidi.one/eltern-magazin/konzentrationsuebungen-fuer-kinder

https://karrierebibel.de/primacy-recency-effekt/

https://www.bmi-rechnen.de/bmr-rechner.html

https://www.adhs.info/fuer-erwachsene/uebersicht/

https://www.impulse.de/management/selbstmanagement-erfolg

/pomodoro-technik/7292581.html

https://karrierebibel.de/pomodoro-technik/

https://www.allaboutvision.com/de/augentests/dominantes-auge-test/

https://karrierebibel.de/intrinsische-motivation/

https://mitteldeutsches-institut.de/lerntypen/

https://www.geo.de/geolino/mensch/5849-rtkl-lernen-welcher-lerntyp-bist-du

https://eat.de/magazin/ernaehrungspyramide-kinder/

https://www.kindergeburtstag-planen.de/geburtstagsspiele/blinde-kuh

https://www.keller-partner.de/2020/10/boreout/

https://www.gs-laendchenweg.de/unterricht/unterricht-heterogenen-klassen/vermeidung-von-ueber-und-unterforderung

https://www.ikk-classic.de/gesund-machen/arbeiten/lerntypen

https://www.tausendkind.de/magazin/familie-freizeit/bewegungsspiele-fuer-drinnen_rJxWWfjNK/

https://grundschultricks.de/test/lerntypentest/

https://www.studienscheiss.de/zitate-lernen/

Haftungsausschluss

Die Umsetzung aller enthaltenen Informationen, Anleitungen und Strategien dieses Buchs erfolgt auf eigenes Risiko. Für etwaige Schäden jeglicher Art kann der Autor aus keinem Rechtsgrund eine Haftung übernehmen. Für Schäden materieller oder ideeller Art, die durch die Nutzung oder Nichtnutzung der Informationen bzw. durch die Nutzung fehlerhafter und/oder unvollständiger Informationen verursacht werden, sind Haftungsansprüche gegen den Autor grundsätzlich ausgeschlossen. Ausgeschlossen sind daher auch jegliche Rechts- und Schadensersatzansprüche. Dieses Werk wurde mit größter Sorgfalt nach bestem Wissen und Gewissen erarbeitet und niedergeschrieben. Für die Aktualität, Vollständigkeit und Qualität der Informationen übernimmt der Autor jedoch keinerlei Gewähr. Auch können Druckfehler und Falschinformationen nicht vollständig ausgeschlossen werden. Für fehlerhafte Angaben vom Autor kann keine juristische Verantwortung sowie Haftung in irgendeiner Form übernommen werden.

Urheberrecht

Affiliatelinks/Werbelinks

Die mit Sternchen (*) gekennzeichneten Links sind sogenannte Affiliate-Links. Wenn du auf so einen Affiliate-Link klickst und über diesen Link einkaufst, bekomme ich von dem betreffenden Online-Shop oder Anbieter eine Provision. Für dich verändert sich der Preis nicht.

Kontakt: Dirk Möncke, Usedomstraße 20, 12524 Berlin

Printed in Poland
by Amazon Fulfillment
Poland Sp. z o.o., Wrocław

17746127R00082